体育产业与足球产业报告 2019

陈少峰　宋　菲　王建平 主编

浙江工商大學出版社 ZHEJIANG GONGSHANG UNIVERSITY PRESS | 杭州

图书在版编目(CIP)数据

体育产业与足球产业报告. 2019 / 陈少峰，宋菲，王建平主编. —杭州：浙江工商大学出版社，2019.9

ISBN 978-7-5178-3403-8

Ⅰ. ①体… Ⅱ. ①陈… ②宋… ③王… Ⅲ. ①体育产业－产业发展－研究报告－中国－2019②足球运动－体育产业－产业发展－研究报告－中国－2019 Ⅳ. ①G812 ②G843.92

中国版本图书馆 CIP 数据核字(2019)第 173818 号

体育产业与足球产业报告 2019

TIYU CHANYE YU ZUQIU CHANYE BAOGAO 2019

陈少峰　宋　菲　王建平　主编

出 品 人　鲍观明

责任编辑　王　耀　白小平

封面设计　林朦朦

责任印制　包建辉

出版发行　浙江工商大学出版社

(杭州市教工路 198 号　邮政编码 310012)

(E-mail:zjgsupress@163.com)

(网址:http://www.zjgsupress.com)

电话:0571-88904980,88831806(传真)

排　　版　杭州朝曦图文设计有限公司

印　　刷　杭州高腾印务有限公司

开　　本　710mm×1000mm　1/16

印　　张　12.75

字　　数　210 千

版 印 次　2019 年 9 月第 1 版　2019 年 9 月第 1 次印刷

书　　号　ISBN 978-7-5178-3403-8

定　　价　68.00 元

浙江工商大学出版社营销部邮购电话　0571-88904970

主办单位

浙江工商大学中国互联网文化产业研究院

北京大学文化产业研究院

北京峰火文化创意中心

编委会

目 录

第一章　我国与全球体育产业

体育产业或将升级成为各国经济支柱性产业之一，2018 年 8 月 10 日中美体育论坛上，国家体育总局经济司司长刘扶民表示，“全球体育产业占全球 GDP 比重约为 1.8％，其中美国的比重约 2.85％，过去 10 年，我国体育产业增加值高于 GDP 增速”。欧洲国家如英国、法国的体育产业比重在 1.8％到 3.7％；亚洲国家如韩国、日本的体育产值占比为 2％到 4％。英国、美国、加拿大等发达国家的体育产业占 GDP 比重已经超过制造业，足以显现出体育产业的重要价值。

近几年随着我国国民收入的提升，国民对运动和健身的需求在日益增长，未来我国居民对体育产业的消费会进入高速增长阶段。我国人口规模世界第一，资本供给充足，商业模式和技术创新活跃，“互联网＋”背景下体育与多产业融合的势头强劲。这些因素都会促进我国体育产业的发展，并且会突出我国的产业特色。[①] 2018 年 1 月的全国体育产业大会上国家体育总局副局长赵勇表示，我国体育产业的发展要打破发展中的瓶颈，创造良好产业环境，重点发展运动休闲、智能体育、竞赛表演、体育培训、体育用品制造服务以及体育彩票等六大产业。

---

① 江小涓：《中国体育产业：发展趋势及支柱地位》，《管理世界》，2018 年第 5 期，第 1—9 页。

一、全球体育产业发展概况

(一)全球体育产业规模与结构

过去几年体育产业取得了长远的发展,其中,基础设施、赛事、培训和体育用品规模都在不断壮大。根据 2018 年普华永道体育行业调查报告显示,预计未来三到五年,全球体育产业的增长率将由过去的 7.7%下降至 7%,降幅为 10.2%。而 2017 年预计同期增长率从 8%降至 6.4%,降幅达 20.7%。由此可见,体育行业市场增长逐渐趋于稳定,业内人士对未来市场前景也转忧为安。

北美地区的体育产业最为发达,体育产业规模最为庞大,产业结构主要是体育服务业,体育服务业贡献最多的是体育竞技比赛,美国的竞技比赛涉及职业比赛、休闲、健身、器械制造、媒体传播、娱乐时尚等众多行业。根据前瞻产业研究院发布的《2018—2023 年中国体育产业发展前景预测与投资战略规划分析报告》发现,2017 年北美体育市场规模达 691.36 亿美元,其中,媒体版权占 190.73 亿美元,门票收入为 190.15 亿美元,赛事赞助收入为 166.58 亿美元,衍生品销售达 143.90 亿美元。北美体育市场的结构主要也分为以上四个部分,媒体版权和门票收入是北美体育产业中占比最大的部分,也是收入的最主要来源。预计到 2022 年北美体育产业的市场规模能达到 802.97 亿美元,而媒体转播权在电视、互联网、移动设备上的体育收费将会持续上升。

根据 AT 科尔尼咨询公司的统计,美国体育产业的增速是 GDP 的 1.9 倍,英国为 3.8 倍,法国和德国都是 3.5 倍,同为发展中国家的巴西和墨西哥分别为 1.7 倍和 3 倍,与我国相邻的印度和日本分别为 2.1 倍和 3 倍。相比较而言,中国体育产业目前所占比重明显偏低,2016 年才到 0.9%,虽说在大多数国家中这个数据偏低,但已经显示出了强劲的增长势头。

欧洲地区户外运动发展较快,户外用品市场前景看好。欧洲户外产业联合会(EOG)发布的《2017 欧洲户外市场贸易状态报告》中表示,欧洲体育用品市场，户外用品市场总值达到58.6亿欧元，比2016年增长72%。2017年欧洲地区户外用品市场份额中德国占比37%，比去年增长3%；法国市场发展缓慢，下降2%；英国势头最强劲，增长8%。北欧地区挪威增长最为明显，东欧地区波兰增长最快。大家对体育用品的需求较高源于大众对冬季运动和集体运动的喜爱，其中竞技比赛以及大型体育赛事会刺激体育用品销售的增长。

亚洲体育市场整体规模落后于欧美等国家，其中体育赞助行业发展势头较好。研究机构ASN表示2016年亚洲赞助市场首次突破100亿美元，预计在2019年橄榄球世界杯（日本）、2019年男篮世界杯（中国）、2020年东京奥运会、2022年北京冬奥会等体育赛事，会给举办国和体育赞助大国经济带来巨大刺激。

（二）全球体育产业组织

体育产业组织作为体育产业的核心单位，对体育产业发展起到积极推动作用。国外发达国家的体育产业组织主要分为三类：第一，由政府出资组建的政府体育产业组织，该组织一般为非营利性质，由专职管理者管理，主要服务对象是本国居民，目的是为提高本国居民身体素质，活动经费主要来源于政府税收，组织活动主要在城市公园或公共体育娱乐场所；第二，以国民共同爱好为基础自发形成的社区或社团非营利性质体育组织，该组织主要服务于社区居民，活动经费主要是组织的会费和各种捐助，在小型协会和地方运动协会举办活动；第三，高度商业化、追求高额利益的私人体育产业组织，该组织主要服务于各种需求的消费者，活动经费主要来源于私人投资、消费者支付和会费等，组织活动在私人运动员俱乐部或职业运动队。

（三）主要国家体育产业发展概况

1.美国

美国是世界公认的体育产业大国。美国的体育核心产业是以体育赛事为核心，以体育资产、体育媒体、体育赞助、体育场馆、体育特许商品公司、体育营销及体育经纪公司为六大主体，形成完整的体育产业链。2015 年美国体育产业规模 4984 亿美元，占全球总规模的 33%，是美国汽车制造业产值的 2 倍、影视产业产值的 7 倍。具体到各细分领域为：户外运动产业，健身产业，体育用品销售，职业体育产业，体育竞赛表演业、体育经纪业。

美国体育市场庞大，体育迷众多，约有 27.9%的美国人是橄榄球迷，12.9%的人是棒球迷，9.6%的人是篮球迷。美国体育职业化规模大、比赛多，其中主要包括：美国橄榄球联盟（NFL）、美国职业篮球联盟（NBA）、美国冰球联盟（NHL）、美国职业棒球联盟（MLB），四大职业体育联盟为美国创造了巨大的经济收入。

美国政府对体育产业的直接行政干预少，主要是通过市场的整体调节进行管理。例如，美国政府利用各地区税收政策来对本国的体育产业进行整体调控，从而更加有效保证体育产业市场的空间性和灵活度，同时促进体育企业自主发展能力的锻炼。美国还鼓励民间资本的引入，投资建设体育场馆，有利于分担政府在公共体育场馆建设中的资金压力。除此之外，美国更加规范并构建不同层次的体育产业资本市场，通过资本市场来有效满足体育产业发展的资金需求。为了促进其体育产业的发展，美国制定了一系列政策法律文件，如《体育广电法》《联邦贸易委员会法》和《谢尔曼法案》等。这些法案中都包含一部分促进体育产业发展的内容。①

2. 英国

懒熊体育在 2015 年发布的专栏报道《寻找体育产业 5 万亿系列》中提到，英国体育产业年产值已达 2000 亿元人民币，提供了超过 45 万个就业岗位，而英国的全民人口为 6500 万，可以看出英国体育产业在国家经济中的地位愈发重要。

英国的体育产业主要围绕足球产业、英式橄榄球竞赛以及自行车运动等项目来带动经济发展。政府对产业发展不断促进，2016 年里约奥运会举办前，英国国家体彩还提供 1.25 亿英镑资金来发展体育行业。通过比赛带动周边产业发展，成为英国体育经济的主要来源。如英超各俱乐部的年收入加在

① 吴峰：《国外体育产业发展经验对我国的启示》，《佛山科学技术学院学报》（自然科学版），2017 年第 9 期，第 93—96 页。

一起超过了25亿英镑，不同公司为争夺英超赛事转播权也为当地带来了广泛的经济收益。

3. 日本

日本的体育产业发展比欧洲国家要晚，其优势在体育赞助业。原因在于日本有着很多高质量的体育赛事，例如美式足球（X联赛）、橄榄球（日本橄榄球顶级联赛）、手球（日本手球联赛）、排球（V.超级联赛）等，这些赛事不仅能够给日本国民提供高质量的观赏性体育消费需求，同时也可以给企业赞助商带来经济利润。[①] 目前日本政府更看重的是具有全球影响力的国际型赛事。2019年和2020年，日本将连续迎来橄榄球世界杯和东京奥运会两项大型体育赛事。依靠这些赛事所带动的经济增长、文化输出及民智的提升，是日本热衷于承办体育赛事的主要原因。

日本政府为了促进体育产业的发展，在不同领域制定鼓励措施和扶持政策。

如《21世纪国民健康促进运动》为日本国民制定健康行动方案；为具有公益性质、不以营利为目的的体育协会提供政策扶持。在税收方面日本政府对奥运会获奖者的奖金实行免税政策。日本成立专门的体育产业研究会和科研小组并对体育专项人才给予全面资助和培养。

4. 韩国

近年来，韩国的体育旅游业及运动医学业发展较快，体育产业无疑是经济增长的重点之一。据相关资料显示，韩国的体育产业占全国GDP的份额大约为4%，2018年韩国体育产业规模从2012年的37万亿韩元（约合人民币212亿元）增加到约53万亿韩元（约合人民币312亿元），将工作岗位从23万个增加到27万个。

韩国政府致力于将体育产业与其他各个行业融合来带动经济增长，形成多行业相互融合的市场。例如构建开放型体育信息共享平台，民众可以利用智能手机和平板电脑检查健康和运动状况；开发不同项目体育设施地图，民众可以利用智能手机查询全国体育设施位置；培养体育产业优秀企业并为其提供援助等，逐步构建体育产业良性循环生态系统。

---

① 任波：《中日体育产业结构比较研究》，《体育文化导刊》，2018年第4期，第94—98页。

二、我国体育产业发展概况

（一）我国体育产业的概念及分类

1. 体育产业定义与分类

体育产业是一种特殊的产业形式，是指与一切体育相关的生产经营活动，集生产制造业、销售业、设施业和服务业为一体的综合产业集群。[①] 体育产品主要包括体育用品和体育服务；体育经济部门主要包括市场企业以及从事经营性活动的其他各种机构，如事业单位、社会团体乃至个人。

根据《国家体育产业统计分类》，体育产业包含体育管理活动，体育竞赛表演活动，体育健身休闲活动，体育场馆服务，体育中介服务，体育培训与教育，体育传媒与信息服务，其他与体育相关的服务，体育用品及相关产品制造，体育用品及相关产品销售、贸易代理与出租，体育场地设施建设 11 大门类。其中除去体育用品和相关产品制造、体育场地设施建设外的 9 大类被称为体育服务业。

2. 体育产业链

体育产业链是一个综合的概念，是指不同地区的体育产业及相关行业基于竞争力或竞争潜力的需要，在体育产业链上中下游主体之间受到资源依赖、体育产业辅助组织配套、体育产业消费市场、政府政策等影响因素下形成的具有链条绞合能力的经济关系。[②] 根据体育产业的细分行业程度不同，体育产业链划分为三个层次：体育产业的核心层主要是体育产业的管理活动；外围层主要是体育中介活动和其他相关活动；体育产业的相关层主要是体育用品、服装、鞋帽及相关体育产品制造业。

---

① 孔朝晖：《中国体育产业结构现状及优化策略研究》，《经济研究导刊》，2017 年第 13 期，第 33—34 页。

② 朱少雄：《我国体育产业链的结构优化及路径研究》，《荆楚理工学院学报》，2017 年第 4 期，第 86—90 页。

我国体育产业链相对完善，但企业之间在产业链环节中的业务流程改革还需要进一步提高。我国体育产业的结构主要由三方面构成：体育赛事＋体育媒体传播＋体育衍生品。体育产业的上、中、下游主要对应体育赛事、体育媒体和体育衍生品，如图 1-1 所示。这些产业环节构成了完整的体育链结构，也是体育产业变现的主要途径。

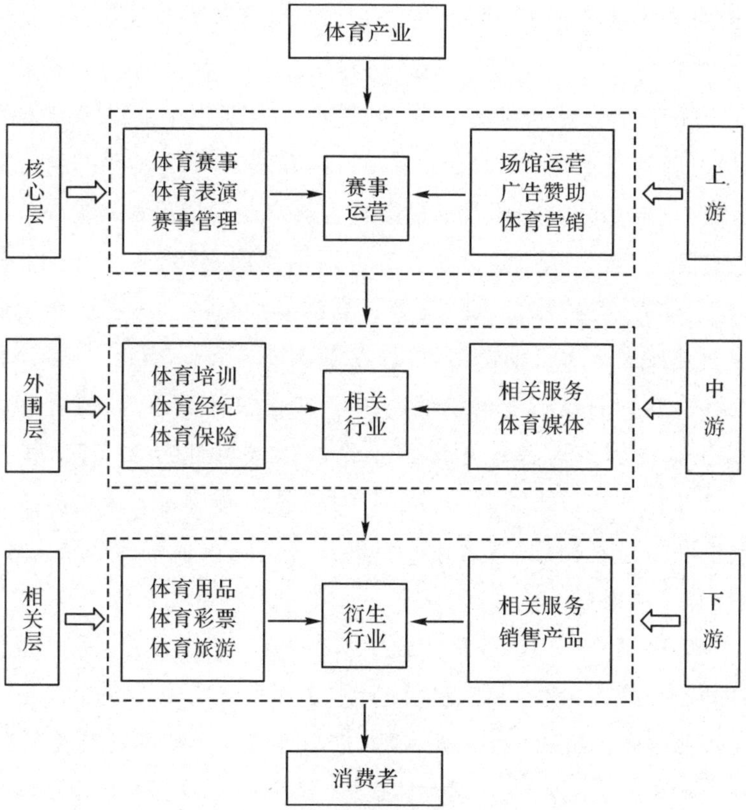

图 1-1　我国体育产业链的基本构成

资料来源：根据易观智库，2015 年中国体育产业专题研究报告整理。

2014 年 10 月国务院办公厅发布的《关于加快发展体育健身休闲产业促进体育消费的若干意见》提出“体育＋”的战略理念，要求促进体育产业与其他产业相互融合。2018 年 3 月国务院办公厅发布的《关于促进全域旅游发展的指导意见》中具体提出要加强推动旅游与科技、教育、文化、卫生、体育融合发展。这一系列政策文件表明我国体育产业链的运行与完善需要将上中下游与不同产业、行业进行跨界融合，来刺激体育产业创新并助力未来城市发展。

(二)我国体育产业发展环境分析

1. 体育产业政策环境

2017—2018 年是我国体育产业发展的缓冲时期,2017 年我国颁布的体育产业政策主要是在前几年政策基础上对部分细分行业追加具体政策。为了更好地执行和落实 2014 年国务院办公厅颁布的《关于加快发展体育产业促进体育消费的若干意见》(国发〔2014〕46 号)和 2016 年颁布的《国务院办公厅关于加快发展健身休闲产业的指导意见》(国办发〔2016〕77 号),研究制定了一些具体体育运动分类的规划,如《击剑运动产业发展规划》,进一步推动击剑产业在竞技比赛、培训、健身消费等方面的发展,规划的重点在于使体育产业与群众体育、竞技体育协同发展。竞技体育是项目体育产业发展的龙头,对全行业发展具有带动作用,目的在于通过国家运动员在国际比赛中获得奖牌荣誉,从而带动行业的发展。2017 年国家体育总局、教育部印发的《关于加强竞技体育后备人才培养工作的指导意见》(以下简称《指导意见》),是新中国成立以来第一个专门针对竞技体育后备人才培养工作出台的指导性文件。《指导意见》的核心目的是完善竞技体育的后备人才培养,促进竞技体育的发展。

2014 年 10 月 20 日,国务院办公厅发布《关于加快发展体育产业促进体育消费的若干意见》,将全民健身项目上升为国家战略,并且提出截止到 2025 年,体育产业总规模超过 5 万亿元,成为推动经济社会持续发展的重要力量。2016 年国家体育总局发布的《国家体育发展"十三五"规划》提出要调整产业结构,优化布局空间,扩大体育市场需求。2017 年国家体育总局发布的《全民健身指南》提出注重体育健身效果,明确体育健身方案。① 2017 年 7 月 13 日国家发改委、体育总局等九部门联合发布了《关于支持社会力量举办马拉松、自行车等大型群众性体育赛事行动方案(2017 年)》,提出到 2017 年底,自行车赛事带动各类消费超过 200 亿元。2018 年 1 月国家体育总局、卫生计生

---

① 冯有国:《中国体育产业状况、问题及发展潜力》,《浙江体育科学》,2018 年第 6 期,第 1—7 页。

委、旅游局等 11 个部门联合发布的《自行车运动产业发展规划》，表示从 2018—2020 年，我国自行车运动产业规模力争达到 1500 亿元，各级各个类别体育赛事活动达到 5000 场，该政策颁布和实施对我国自行车产业发展具有里程碑式的重大意义。2018 年 12 月国务院办公厅颁布的《关于加快发展体育竞赛表演产业的指导意见》表示我国应积极推进体育竞赛表演产业专业化、品牌化、融合化发展，培育壮大市场主体，加快产业转型升级，不断满足人民群众多层次多样化的生活需求，提升人民群众的获得感和幸福感。到 2025 年，体育竞赛表演产业总规模达到 2 万亿元，基本形成产品丰富、结构合理、基础扎实、发展均衡的体育竞赛表演产业体系。如表 1-1 所示：

表 1-1　2017—2018 年相关体育政策

序号	时间	发布单位	政　策	要　点
1	2017 年 1 月	中国足球协会	《中国足球协会 2020 行动计划》	主要推广足球，实现足球生活化、社会化，挖掘足球价值、建设中国特色足球文化；健全足球治理体系，加强各类足球管理组织；青少年注册人口：100 万，其中女足 10 万；FIFA 世界排名：男足前 70 位，女足前 10 位
2	2017 年 2 月	中国足球协会	《规范管理职业俱乐部的十八条主要措施》	职业俱乐部应具备训练基地被视为准入机制的一项硬性指标，中国足协高度关注本土球员尤其是本土年轻球员的发展空间
3	2017 年 4 月	文化部	《文化部“十三五”时期文化产业发展规划》	提出推进游戏产业结构升级，推动网络游戏、电子游戏等游戏门类协调发展，促进移动游戏、电子竞技、游戏直播、虚拟现实游戏等新业态发展
4	2017 年 6 月	国家发展改革委	《服务业创新发展大纲（2017—2025 年）》	倡导全民健身，鼓励兴办多种形式的健身俱乐部和健身组织，加快发展健身休闲产业。繁荣发展足球、篮球、排球、冰雪、水上、山地户外等运动，推动体育竞赛表演业发展，推进职业联赛市场化改革，鼓励发展国际品牌赛事，丰富业余体育赛事，创新项目推广普及方式。促进体育旅游、体育传媒、体育会展、体育经纪等发展

续 表

序号	时间	发布单位	政 策	要 点
5	2017 年 7 月	国家发改委、国家体育总局等九部门联合印发	《关于支持社会力量举办马拉松、自行车等大型群众性体育赛事行动方案（2017 年）》	第一方面，突出“放管服改革”，激发社会办赛活力；第二方面，强调政策保障，优化赛事环境；第三方面，加强监督管理，推动赛事规范发展。要充分发挥马拉松、自行车等大型群众性体育赛事在“稳增长、促改革、调结构、惠民生”中的重要作用，以赛事活动为牵引，进一步丰富体育服务内容，带动体育用品制造业的转型升级，延伸体育产业链条，满足体育消费需求，促进体育产业整体发展
6	2017 年 8 月	国家体育总局	《全民健身指南》	主要包括体育健身活动效果、运动能力测试与评价、体育健身活动原则、体育健身活动指导方案等内容
7	2017 年 11 月	国家体育总局	《体育标准化管理办法》	明确了体育标准化工作以坚持依法行政、协同治理、需求引领、创新驱动、统筹推进、服务社会、适合国情和国际接轨为原则，以标准化的手段助推体育事业改革，为推动体育各项工作提供基础保障
8	2017 年 12 月	国家体育总局、教育部等八部门联合印发	《击剑运动产业发展规划》	加快击剑场所设施建设，夯实击剑运动产业基础，大力开展击剑培训，推动击剑运动普及推广，壮大击剑赛事产业，打造独特赛事 IP，探索建立中国击剑职业联赛，利用“互联网＋”优化击剑产业，探索击剑产业创新发展新模式，完善击剑装备制造行业标准，打造击剑运动文艺精品，建立完善学校击剑人才培养体系
9	2017 年 12 月	国家体育总局、教育部	《关于加强竞技体育后备人才培养工作的指导意见》	主要内容围绕进一步完善竞技体育后备人才培养体系、切实加强青少年体育训练工作、创新发展青少年体育竞赛体系、进一步推进各级各类体校建设、努力完善保障机制、认真做好组织实施工作六个部分进行了阐述。鼓励各级各类学校以足球、篮球、排球、田径、游泳、冰雪和民族传统体育等项目为重点，组织开展体育教学和训练活动

续 表

序号	时间	发布单位	政 策	要 点
10	2018 年 1 月	国家体育总局、卫生计生委、旅游局等 11 个部门联合发布	《自行车运动产业发展规划》	从 2018—2020 年，我国自行车运动产业规模力争达到 1500 亿元，各级各类自行车赛事活动达到 5000 场。该规划的颁布实施对我国自行车运动产业的发展具有里程碑式的重大意义
11	2018 年 3 月	国务院办公厅	《关于促进全域旅游发展的指导意见》	推动旅游与科技、教育、文化、卫生、体育融合发展。大力发展冰雪运动、山地户外运动、水上运动、汽车摩托车运动、航空运动、健身气功养生等体育旅游，将城市大型商场、有条件景区、开发区闲置空间、体育场馆、运动休闲特色小镇、连片美丽乡村打造成体育旅游综合体
12	2018 年 12 月	国务院办公厅	《关于加快发展体育竞赛表演产业的指导意见》	主要提出要丰富赛事活动，完善赛事体系；壮大市场主体，优化市场环境；优化产业布局，加强平台建设；强化协调配合，加强资金保障

数据来源：国家统计局及相关网络资料整理。

2. 体育产业经济环境

2017 年中国整体经济环境处于“稳中向好，好于预期”的状态。国家统计局发布数据显示，2017 年全年国内生产总值为 827122 亿元，首次登上 80 万亿元门槛，比上一年增长 6.9%，第三产业的就业贡献率接近 60%。中国国际经济交流中心经济研究部副部长刘向东表示：“经济增长超出预期，由此证明我国的宏观调控精准有效，经济发展的稳定性、协调性和可持续性明显增强。”从产业结构来看，经济结构持续优化，服务业保持较快发展，创新创业、新零售等带动服务业转型，为我国经济增长提供了强有力的支撑。2017 年，消费对于经济增长的贡献，位于“三驾马车”之首。国家统计局数据显示，2017 年最终消费支出对国内生产总值增长的贡献率为 58.8%。2017 年网上消费的增长速度明显提升，特别是网上服务消费增速更快，为消费增长创造了新的增长点，使消费增长的牵引力更强。

2018 年上半年服务业对经济增长贡献率为 60.5%，从上半年数据来看，经济结构继续优化，转型升级效果明显。第三产业增加值增速比第二产业快

1.5 个百分点，占国内生产总值的比重为 54.3%，比上年同期提高 0.3 个百分点，高于第二产业 13.9 个百分点。国家统计局服务业统计司司长许剑毅表示："服务业对经济增长的贡献也在提升，2018 年上半年是 60.5%，比上年同期提高了 1.4 个百分点，说明服务业对经济增长的压舱石作用在继续巩固。"国家统计局数据显示，2018 年上半年，全国居民人均教育文化娱乐消费支出增长 7.2%，体育健身活动增长了 39.3%。近几年我国体育产业增加值的规模在不断增长，发展速度高于 GDP 的增长，因此占 GDP 的比重也在不断增加。但与发达国家相比，还有一定差距，同时也反映出中国体育产业的未来发展空间更大，具有成为支撑 GDP 增长的主要产业之一的潜力。

2018 年 7 月 19 日，国家体育总局与中国工商银行等四大国有商业银行联合发布了《2018 全国优选体育产业项目名录》，此次合作的目的是建立"体银协作机制"，为选择优秀的体育产业项目提供招商和融资服务。进入 2018 全国优选体育产业项目名录的共有 383 个项目，拟融资金额 1682 亿元，拉动投资 3528 亿元。从不同行业角度看我国体育产业投入力度之大，未来体育产业伴随着居民消费增长和政府企业的大力推动，我国体育产业经济增长步伐将进一步加快。

3. 体育产业消费环境

2017 年我国体育服务业的增加值占体育产业增加值比重超过 50%，健身休闲和竞赛表演增速均超过 20%，而一些特殊项目如航空、击剑、山地户外等体育消费蓬勃发展，成为体育消费新的热点。2017 年我国的消费升级态势明显，全年全国网上零售额 71751 亿元，比上年增长 32.2%，增速比上年加快 6.0 个百分点。

年轻一代的体育消费方式在不断变化，年轻消费群体主要的娱乐平台正从传统有线电视向无线移动设备转移。例如：2016—2017 赛季欧洲五大足球联赛的传统有线电视与在线观众人数，35 周岁以下的有线电视的观众只有 17%，而同一年龄段线上观众占到了 45%。由此可见，未来体育产业面对年轻消费者，更加需要通过数字设备来提供体育消费服务。

目前我国人均体育消费仅为发达国家的十分之一，近几年的体育消费市场业态在不断更新，体育消费已经不再局限于体育用品消费，而逐渐转向体育服务消费，例如体验以及虚拟产品等体育娱乐性和体育观赏性消费。消费者对于新型体育运动的消费需求增强，骑行、游泳、垂钓等运动项目受到追捧，满足特定人群个性化需求的运动项目正逐渐成为热潮，小众消费大众化，差异化与专业定制化服务需求开始出现。据《2017年中国居民消费发展报告》显示，足球、篮球、排球三大球类以及马拉松运动，山地户外运动，冰雪运动，水上运动，汽摩和航空运动，体育旅游，体育彩票等是近几年的热点体育消费项目。

（三）我国体育产业发展现状

1. 体育产业规模

我国体育产业正面临新的发展时期，在不断改变中适应消费者的需求，在这个过程中体育产业规模在不断壮大、体育产业结构在原来基础上不断细化更加适应市场消费需求，体育产业从业人员也不断增加。体育产业被誉为"朝阳产业"，如今已被列入了国家发展战略层面，人们对健康与运动的关注度上升更加推动我国体育产业的积极发展。

据国家统计局资料显示，2017年末，我国国民平均收入已经超过59660元（8836美元）。根据国际经验表明，处于这个收入水平的公民对文化体育消费需求会快速增长，并且我国具有体育人口基数大、资金量充足、互联网渗透率高、政府推动力强等优势，中国已经进入了国民对体育产业需求快速增长期。

根据国家统计局《2017年全国体育产业总规模与增加值数据公告》，2017年全国体育产业总规模（总产出）为2.2万亿元，增加值为7811亿元。从名义增长看，总产出比2016年增长15.7%，增加值增长了20.6%。如表1-2所示。

根据《2017年中国居民消费发展报告》数据分析发现2012—2017年我国体育产业规模的增长约为1.2万亿元，产业规模迅速增长。预计到2020年，我国体育产业总规模将超过3万亿元，按照此增长速度，再往后5年，到2025年中国的体育产业产值达到5万亿元，这个目标也有望实现。

表 1-2 2017 年体育产业状况

体育产业类别名称	总量(亿元)		结构(%)	
	总产出	增加值	总产出	增加值
体育产业	21987.7	7811.4	100.0	100.0
体育管理活动	504.9	262.6	2.3	3.4
体育竞赛表演活动	231.4	91.2	1.1	1.2
体育健身休闲活动	581.3	254.9	2.6	3.3
体育场馆服务	1338.5	678.2	6.1	8.7
体育中介服务	81.0	24.6	0.4	0.3
体育培训与教育	341.2	266.5	1.6	3.4
体育传媒与信息服务	143.7	57.7	0.7	0.7
其他与体育相关服务	501.6	197.2	2.3	2.5
体育用品及相关产品制造	13509.2	3264.6	61.4	41.8
体育用品及相关产品销售、贸易代理与出租	4295.2	2615.8	19.5	33.5
体育场地设施建设	459.6	97.8	2.1	1.3

注:若数据分项合计与总值不等,是由数值修约所致。
数据来源:国家统计局、国家体育总局。

目前,我国体育产业虽然占我国总产业 GDP 份额较少,2017 年仅不到 1%(见图 1-2)。但未来我国居民对体育消费的需求和国家全面健身相关政策的不断刺激下,传统健身休闲、竞赛表演、体育培训等体育服务业将出现快

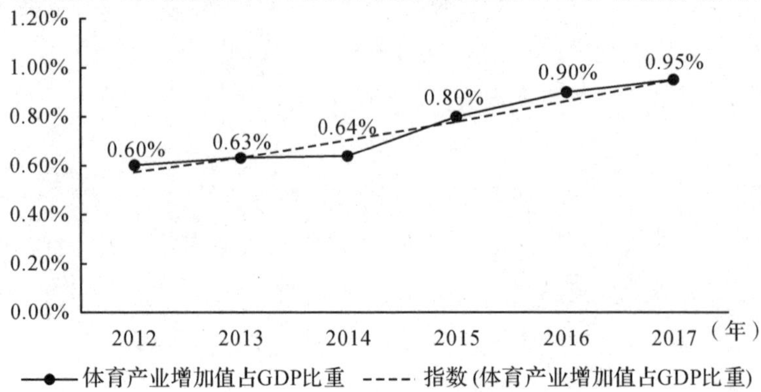

图 1-2 2012—2017 年中国体育产值占 GDP 比重

资料来源:根据《2017 年中国居民消费发展报告》数据整理。

速增长；另一方面，体育服务业的外延不断扩展“体育＋”理念，体育竞技、体育健康、体育旅游、体育传媒、体育信息、体育赛事等新兴服务业迅速崛起，体育产业发展的质量和效益将不断提高。

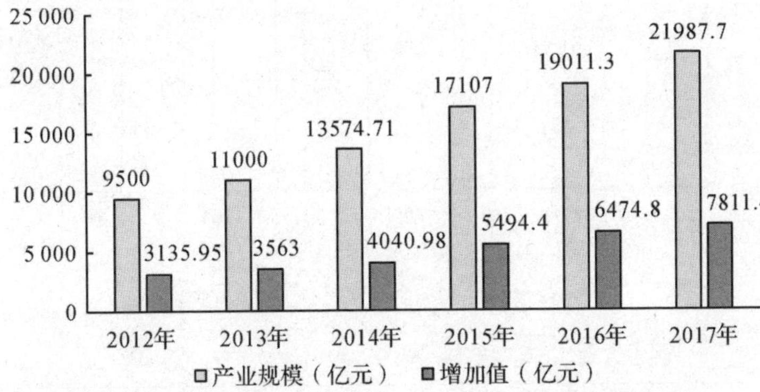

图 1-3　2012—2017 年中国体育产业规模及增加值数据统计

资料来源：根据《2017 年中国居民消费发展报告》数据整理。

国家体育总局发布的《体育产业“十三五”规划》中可以看到，目前我国体育爱好者已达 6 亿之多，其中有 2 亿经常观看体育比赛，3 亿足球爱好者群体，3700 万忠实足球迷，1 亿观看网络体育视频。预计到 2020 年，我国体育从业人员将超过 600 万，产业增加值在国内生产总值中比重将达 1.0％，体育服务业增加值占比超过 30％。健身休闲业、场馆服务业、体育传媒业、竞赛表演业、体育中介业、体育培训业、体育用品业和体育彩票等行业将成为发展重点行业。

从 2013 年至今我国体育机构数量稳定在约 7000 家，2011 年我国体育机构数量 6901 家，到 2017 年国内体育机构数量到了 7081 家，6 年时间增加了 180 家体育机构。2012 年到 2013 年增长率幅度较大，增长率达到了 2.93％。随后几年我国体育机构的增长幅度不高，甚至出现了负增长的情况，各个组织机构也在规范管理。例如体育培训机构市场还不是很成熟，市场存在良莠不分、参差不齐的情况，因而需要加强规范与管理，导致有部分不规范的企业合并情况，造成机构数量波动。如图 1-4 所示。

从资料中可以看出，如表 1-3 所示，我国体育行政机关数量较多，占到了机构总数的 42.29％，少儿体育运动学校及其他事业单位分别占到机构总数 20.26％和 16.14％，其余的机构总数占比相对较少。近几年国家统计局发布

图 1-4　2011—2017 年中国体育机构数量

资料来源：根据国家统计局数据进行整理。

的数据可以发现我国体育行政机关数量在逐年减少，从 2013 年的 3025 个下降至 2017 年的 2995 个，说明我国政府机构正在进一步整合和升级政府管理机构。从表中可以发现少儿体育运动学校数量较多，其中县级地区的分布较广，占到少儿体育运动学校总数的 76.3%，说明我国在全民健身等相关政策背景下，对青少年体育项目的培训受到全国范围内基层的重视。2015 年我国体育场馆数量在 188 万个左右，全国体育场面积达到 21.53 亿平方米，较前几年有了大幅度提高，体育场馆数量进入高速增长阶段。根据《2018—2022 年中国体育场馆行业预测分析》，2018 年中国人均体育场地面积将达到 1.71 平方米。《关于加快发展体育产业促进体育消费的若干意见》(以下称“46 号文件”)提出到 2025 年体育产业总规模超 5 万亿元、人均体育场地面积达 2 平方米的发展目标，以全国 13.9 亿人口来看，2025 年全国体育场地面积要达到 27.8 亿平方米，体育场地数量有望超过 250 万个。体育场馆的规模和数量增速将持续保持在较高水平。

表 1-3　2017 年中国体育机构及人员数量情况(单位:个/人)

指　标	合计		国家级		省级		地级		县级	
	机构	人员	机构	人员	机构	人员	机构	人员	机构	人员
总计	7081	146966	45	4704	703	57019	1897	46438	4436	38805
体育行政机关	2995	25088	1	222	31	1676	433	6642	2530	16548
运动项目管理部门	290	34601	20	1118	227	30408	41	2990	2	85

续 表

指 标	合计		国家级		省级		地级		县级	
	机构	人员	机构	人员	机构	人员	机构	人员	机构	人员
本科院校	7	5312	1	1023	6	4289				
职业、运动技术学院	19	6308			17	5886	2	422		
体育运动学校	231	15300			32	2694	171	11807	28	799
竞技体校	14	427					4	147	10	280
少儿体育运动学校（业余体校）	1435	20150	1	3	20	422	319	8853	1095	10872
单项运动学校	21	445			4	134	11	180	6	131
体育中学	39	1569					20	875	19	694
训练基地	74	2611	5	617	25	1385	40	532	4	77
体育场馆	683	13857	1	288	62	2862	381	7961	239	2746
体育科研机构	62	1401	1	173	28	932	31	274	2	22
其他事业单位	1143	17010	13	752	229	5315	412	4566	489	6377
其他	68	2887	2	508	22	1016	32	1189	12	174

资料来源：根据国家统计局数据进行整理。

全民运动时代已经来临，参加体育运动的人数在不断增加。各个项目运动员获得奖牌数量增多，提升了国民对各项目的好感度与认可度。我国对国际体育竞技比赛的关注度高，对运动员的培养力度也在增大。如表1-4所示。近10年我国参与体育比赛的运动员数量有所起伏，平均每年190人。项目数量比较稳定，平均每年23个项目，获奖数平均每年118个。在2017年世锦赛和世界杯（总决赛）中，中国队运动员共在24个大项上获得106个世界冠军，6人6次创6项世界纪录。2017年获得的冠军数量与2016年基本持平，其中体操、乒乓球等传统项目继续保持优势，在游泳、田径、帆船帆板等项目上有新的突破，滑翔、国际象棋等非奥项目实现了历史性突破。据国家统计局2018年12月30日发布的消息，在2018年冬奥会、世锦赛和世界杯（总决赛）中，中国队运动员在22个大项中获得114个世界冠军，共有43人次创、超、平32项世界纪录。其中，10个奥运项目共获得34个世界冠军，占冠军总数的30%。包括举重、体操、游泳、乒乓球等优势项目，未来我国的体育竞赛更多的是保持优势项目，在弱项寻找突破。

表 1-4 2000—2017 年中国运动员获世界冠军情况

年份(年)	项数(项)	人数(人)	个数(个)
2007	22	217	123
2008	24	151	120
2009	30	223	142
2010	22	180	108
2011	24	198	138
2012	24	140	107
2013	22	164	124
2014	22	206	98
2015	25	214	127
2016	23	154	107
2017	24	248	106
平均值	23	190	118

资料来源:根据国家统计局数据整理。

2. 体育产业结构

国家体育总局与国家统计局联合发布,2017 年我国整体产业结构中体育衍生品规模较大,其中体育用品及相关产品制造的总产出和增加值最大,分别为 13509.2 亿元和 3264.6 亿元,增长速度分别为 12.9%和 14.0%。体育服务业(除体育用品及相关产品制造、体育场地设施建设外的 9 大类)继续保持快速发展势头,增加值在体育产业中所占比重继续上升,从 2016 年的 55%上升到 2017 年的 57%,其中直接与公众体育消费相关的体育竞赛表演活动、体育健身休闲活动增长突出,增长速度分别达到 39.2%和 47.5%。此外,我国体育场馆、健身步道、体育公园等全民健身设施建设力度不断加大,增长速度达 94.7%,反映出我国体育场地设施建设快速蓬勃发展势头。①

现阶段我国处于"2025 中国制造"政策背景下,中国制造业在全球范围具有较高优势,体育用品更是全球制造基地,是全球能够独立生产体育用品种

① 详见国家体育总局:《2017 年全国体育产业总规模与增加值数据公告》,《中国信息报》,2019 年 1 月 8 日。

类最多的国家。“一带一路”将帮助我国在对外开放中建立和形成全球体育用品制造产业链。未来一段时间，我国体育用品制造业仍将保持一定增长，依旧占据体育产业结构的较大份额。

未来我国体育产业结构调整主要为以下几个方面：第一，培育本国优势产业，充分发挥自己的优势和长处，培育自己新的体育产业方向，突出本国体育文化特色；第二，尊重市场导向，市场是检验产业发展的标准，市场根据产业需求可以引导资金流向，推动产业的发展，从市场消费者需求入手对产业发展进行调整，发展更加适应市场和消费者的体育产业特色项目，在此基础上还要做好市场调研、分析和预测，避免盲目投资；第三，政府引导，通过制定切实可行的政策促进体育产业的发展。

（四）体育产业组织概况

1.政府组织

政府组织对体育产业起到了宏观调控的作用，主要体现在两个方面，首先，是能够直接应对和解决市场失灵；其次是能够有效地维护和促进体育产业发展的平衡性。政府可以提供一定量的公共物品满足社会需求，规范企业之间的垄断行为，克服信息的不对称性，还可以协调民间社团组织之间的各种活动，促进市场发展等。

在体育产业中我国政府职能是：制定政策和提供法律服务，保证公共服务设施投入，促进全国人民享有体育健身的权利，深化体育体制的改革与创新，加大体育产业教育力度的扶持，为体育产业的发展奠定了夯实的顶层设计。

2.企业组织

企业组织对体育产业起到了市场调控作用。主要体现在体育组织可以提升体育产业的核心竞争力，例如在技术创新和产品创新方面提升我国体育制造业的综合实力。其次企业组织有助于体育文化的传承，优质的企业文化可以为战略管理提供最有力、最长效的平台。根据国家体育总局《国家体育产业基地管理办法（试行）》和《体育总局关于进一步加强国家体育产业基地建设工作的通知》，由各省、自治区、直辖市体育局推荐申报评选出 2017 年我国体育产业示范单位共 22 个以及国家体育产业示范基地共 11 个，其中体育产业示范单位主要包括四个大类：第一，体育用品制造与销售类；第二，场馆运营类；第三，体育旅游类；第四，竞赛表演、健身休闲、体育培训及其他类。如表 1-5、表 1-6 所示：

表 1-5　2017 年国家体育产业示范单位

序号	产业类别	企业名称
1	体育用品制造与销售类	安踏（中国）有限公司
2		泰山体育产业集团有限公司
3		北京三夫户外用品股份有限公司
4		福建鸿博光电科技有限公司
5		北京奥康达体育产业股份有限公司
6		深圳市好家庭实业有限公司
7		保山市永子文化产业有限公司
8	场馆运营类	济南奥林匹克体育中心
9		北京国家游泳中心有限责任公司
10		青海多巴国家高原体育训练基地
11	体育旅游类	宜昌百里荒生态农业旅游开发有限公司
12		内蒙古龙谷旅游资源投资有限公司
13		西藏圣山登山探险服务有限公司
14		秦皇岛安达旅游开发有限公司
15	竞赛表演、健身休闲、体育培训及其他类	上海久事体育产业发展（集团）有限公司
16		武汉当代明诚文化股份有限公司
17		虎扑（上海）文化传播股份有限公司
18		安徽兴茂置业有限公司
19		吉林省长白山景区管理有限公司
20		郑州少林塔沟教育集团
21		湖南体运通信息技术股份有限公司
22		海南环海南岛国际大帆船赛有限公司

资料来源：根据国家体育总局资料整理。

表 1-6　2017 年国家体育产业示范基地

序号	地　点	名　称
1	浙江省德清县	德清国家体育产业示范基地
2	江苏省张家港市	张家港国家体育产业示范基地
3	福建省福州市仓山区	仓山国家体育产业示范基地
4	贵州省黔西南州兴义市、安龙县、贞丰县	黔西南(县域)国家体育产业示范基地
5	江西省婺源县	婺源国家体育产业示范基地
6	内蒙古自治区阿拉善盟阿拉善左旗	阿拉善左旗国家体育产业示范基地
7	上海市杨浦区五角场地区	五角场国家体育产业示范基地
8	辽宁省大连市长海县	长山群岛国家体育产业示范基地
9	云南省腾冲市	腾冲国家体育产业示范基地
10	江苏省南京市建邺区	建邺国家体育产业示范基地
11	广东省佛山市南海区	南海国家体育产业示范基地

资料来源:根据国家体育总局资料整理。

3. 社团组织

我国体育社团组织与政府组织有密切的关系,政府组织对社团起到了支持和控制的双重作用。同时还为社团提供经费、办公条件和专业权威资源,对体育社团的发展具有一定的帮助。因此我国体育社团组织一般的主要领导大都具有“官方”背景。现今社团的基本职能主要是服务功能,主要服务于本社团的成员以及国家利益的需要。未来体育社团组织必将随着市场经济的发展走上时代舞台,成为中国体育多元结构发展的必要单元。

(五)我国体育产业主要业态分析

1. 体育竞赛表演与赞助业

2018 年 12 月国务院发布的《关于加快发展体育竞赛表演产业的指导意见》表示,我国未来要大力发展职业赛事。重点发展足球、篮球、排球、乒乓球、羽毛球、冰球、围棋等职业联赛,鼓励赛车、自行车、网球等有条件承办赛事的项目举办比赛,建立具有独立法人资格的职业联赛理事会,合理构建职业联赛分级制度。预计 2025 年体育竞赛表演产业总规模达到 2 万亿元，建设若干具有较大影响力的体育赛事城市和体育竞赛表演产业集聚区，推出 100 项具有较大知名度的体育精品赛事，打造 100 个具有自主知识产权的体育竞赛表演品牌，培育一批具有较强市场竞争力的体育竞赛表演企业，体育竞赛表演产业将成为推动经济社会持续发展的重要力量。

体育赛事是体育产业链中的核心，体育赛事行业将成为未来我国体育产业发展重点发力对象。目前我国的体育竞赛水平和承办赛事能力参差不齐，需要培育具有国际影响力的体育赛事。根据国家统计局公布的资料显示，2018 年我国商业价值前三的体育比赛主要是中国足球超级联赛、CBA 和英雄联盟职业联赛。中国足球超级联赛（以下简称“中超”）作为我国最具影响力的比赛，其商业价值最高。

体育赛事赞助是体育竞赛的必要环节，赞助商的目的主要是通过赞助来提升企业品牌知名度、企业品牌文化内涵和品牌版权价值这三个方面。2014 年国务院“46 号文件”提出 2025 年我国体育产业总规模达到 5 万亿元。预计未来体育产业增长达到 15%，由此呈现出的特点是各个赞助商百花齐放，数量、类别众多：以中超为例，2013—2017 年中超联赛赞助的收入平均每年增长 36%，而国内足球产业赞助规模在 2020 年预计将达到 78 亿元。由此可见，我国的体育产业市场正在快速地发展，这就导致了赞助商借助这个市场，可以更好地提升品牌知名度与美誉度。

除了竞技赛事以外，这几年我国的大众体育市场较好，根据中国田径协会的官方数据显示，2015 年，全国还只有 79 个城市举办过马拉松赛事，2016 年增加至 133 个城市，2017 年达到 234 个，2018 年马拉松赛事已覆盖超过全国 70%的地级市。2018 年，一边“跑马”一边旅游，马拉松赛事逐渐被打造为城市名片、景区名片，体育旅游等发展空间刺激着整个马拉松产业链条的成型。《2017 中国马拉松大数据分析报告》显示，马拉松赛事背后的产业，是一个庞大的经济产业链，除了赛事的报名收入，广告、运动服饰、运动穿戴、体育及衍生品、房地产、金融、医疗、城市经济等等成为马拉松背后经济的助力者，2017 年相关产业经济更是达到了 700 亿元。

2. 体育健身休闲业

健身休闲行业的发展近几年在我国表现出了良好的发展趋势，2017 年 6

月国家发改委颁布的《服务业创新发展大纲(2017—2025 年)》提出倡导全民健身,鼓励兴办多种形式的健身俱乐部和健身组织,加快发展健身休闲产业。随后 2017 年 8 月体育总局颁布了《全民健身指南》,其主要内容是细化国民健身的细节,主要体现在体育健身活动效果、运动能力测试与评价、体育健身活动原则、体育健身活动指导方案等。

近几年体育服务业增速较快,其中体育健身业增长较快,总产出和增加值增速均超过 30%,说明群众参与体育项目逐渐增多。2016 年我国体育健身市场规模达到 1.5 万亿元,其中体育设备数量占据 70%。2017 年我国长期参加体育锻炼人群达到 5.5 亿人,占全国总人口比重 41.3%。我国约有三分之一的中国人具有了体育健身的习惯,庞大的建设人口为健身行业带来了巨大的需求。现今健身行业已经粗具规模,发展空间较大,行业规模预测到 2020 年可达到 600 亿元。

3. 体育场馆建设

体育场馆作为体育产业发展的设施支持,在 2016 年《体育产业“十三五”规划》中将竞赛表演业、场馆服务业、体育培训业、体育中介业、体育彩票业和体育用品业等作为发展的重点行业。2014 年《关于加快发展体育产业促进体育消费的若干意见》中提出“我国锻炼人口达到 5 亿”“人均体育场地面积达到 2 平方米”等任务,意味着我国体育场馆未来的发展空间还很大。现今我国体育场馆需要技术革新,技术与设备更新换代已迫在眉睫。一线城市体育场馆的使用率较高,但是二、三线城市体育场馆的使用率较低,多处于闲置,运营也比较困难,需要提升体育场馆的利用率。根据《2018—2022 年中国体育场馆行业预测分析》,2018 年中国人均体育场地面积将达到 1.71 平方米,未来五年(2018—2022)年均复合增长率约为 2.50%,2022 年将达到 1.89 平方米。

从投资主体上看,根据国家统计局资料显示,我国的体育场馆主要以政府投资为主,商业化程度低。其中国有经济成分的场馆占总数的 30.6%,集体经济成分占总数的 25.5%,企业(私营)占 23.0%,私人占 12.8%,剩余 8.1%为外商独资、中外合资和港澳台投资。可以看出,我国超过一半的体育场馆都为政府机构所有。2018 年国务院办公厅发布了对我国部分体育场馆进行政策补贴的消息,包括对各个省市体育场、体育馆以及游泳馆在内的共计 1277 个体育场馆进行财政补贴。并要求场馆和区域内的公共体育场地和设施免费或低收费向社会开放。最终达到督促大型体育场馆更好地向公众开放，提升公共体育服务水平的目的。

4. 体育用品业

根据国家统计局数据分析，2017 年中国体育用品市场成交额达到 1.8 亿元，同比增长 6.3%。据前瞻产业研究院发布的《体育用品行业发展前景与投资战略规划分析报告》统计数据显示，2013—2017 年我国体育用品行业收入与利润都处于不断增长的阶段，五年年均复合增长率分别为 7.64% 和 9.37%，增长速度很快。在国家政策的大力支持下，体育用品行业将有望快速增长。（如图 1-5 所示）2018 年我国体育用品行业收入规模将达到 1629 亿元，预计到 2020 年体育用品行业收入规模将达到 1817 亿元，到 2022 年将突破 2000 亿元。体育品牌针对不同消费者需求特征，重点开拓针对性群体市场，如女性和儿童体育用品等；跑步作为大众体育一项热门运动，体育用品需求量也在不断增加。未来体育用品行业发展结合最新的科技力量在持续升级，例如智能健身器材、智能足球、智能穿戴用品等体育装备需求量将迎来巨大增长。

图 1-5　2013—2018 年中国体育用品收入规模统计及预测

资料来源：根据中商产业研究院研究数据整理。

5. 电子竞技业

电子竞技是体育产业的新兴业态，近几年我国电子竞技行业处在黄金发展期。电子竞技源于美国，1998 年进入中国，现如今发展得如火如荼。电子竞技业的良好发展势头表现在：政府制定了相关的行业规范；教育部设立了电子竞技专业，国内部分高校已开设专业课程；我国电子竞技战队在国际赛事夺冠。在2017年颁布的《文化部"十三五"时期文化产业发展规划》文件中也提出了推进游戏产业结构升级，推动网络游戏、电子游戏等游戏门类协调发展，促进移动游戏、电子竞技、游戏直播、虚拟现实游戏等新业态发展。

据普华永道《2018年体育行业调查报告》分析，2018年电子竞技取代了2017年度排名第一的足球，成为全球体育行业人士一致看好的最具竞技价值的体育项目。预计到2022年，我国的电子竞技产业将取得一定的经济规模。2015—2018年期间，中国电竞市场规模从306亿元增加到了863亿元，2017年电子竞技产业规模达到770亿元，而2018年达到了863亿元，电竞产业的主要收入来自游戏收入，占比达93%。第18届雅加达亚运会，中国队取得了两金一银的好战绩，良好的比赛成绩扭转了大众对电子竞技的固有偏见，未来将电子竞技纳入奥运会比赛的呼声越来越高。

6. 体育旅游业

在2018年"体育商业峰会"论坛上，国家体育总局经济司司长刘扶民提到，2018年体育产业消费接近1万亿元，其中体育旅游作为助推器起到了很大的作用。随着2022北京冬奥会的临近，在国家体育总局发布的《冰雪运动发展规划》显示，到2025年国内冰雪产业总规模达到1万亿元。2018年国家发改委发布的《2017年度中国滑雪产业白皮书》统计，截至2017年底，我国滑雪场总数703家，滑雪人次达到1750万人次，占总人数比例约为1%，滑雪消费规模720亿元，黑龙江省拥有滑雪场124家，为全国最多，中国已经成为全球增长最快、最大的初级滑雪市场，潜力有待开发。目前我国要借助2022年北京办冬奥会的契机，大力发展冰雪运动，继续大力推动"3亿人参与冰雪运动"这个目标，持续实施冰雪运动"南展西扩东进"的战略发展。滑雪项目的火热也带动了体育产品销售，根据2018《天猫冬季消费报告》，在双11期间，滑雪服的销量较前几年增长了90%；运动装备增长了93%；单价高达5000元的滑板，双11卖出了1000多付。其中，18—24岁的消费者购买力最强劲，大龄人群也加入冬季运动阵营。综上所述，我国大力推进体育产业与旅游产业相融合的理念，对我国经济增长起到了很大的促进作用。

除了冰雪旅游项目外，体育旅游特色小镇也是体育产业发展的重点项目。国家和地方各级政府都发布了一系列关于体育特色小镇建设的文件和政策，积极引导和鼓励体育特色小镇的建设。2016 年 7 月，住房城乡建设部、国家发展改革委、财务部联合下发的《关于开展特色小镇培育工作的通知》，提出到 2020 年全国范围内扶持一批具有体育特色、体育文化、体育产业集聚、环境优质的生态体育特色小镇，推动体育产业发展。[①] 2018 年 12 月国务院办公厅发布的《关于促进全域旅游发展的指导意见》提出将体育产业与科技、文化、教育相融合，大力发展冰雪运动、山地户外运动、水上运动、健身气功养生等健康体育旅游，将运动休闲特色小镇与城市开敞空间、景区、美丽乡村等结合，共同打造成体育旅游综合体。

（作者：河北传媒学院　李婉春；河北传媒学院　宋　菲）

① 杨毅然：《中国体育特色小镇建设的实践探索研究》，武汉体育学院硕士学位论文，2018 年。

第二章 国内外知名企业与聚集区

2014 年国务院“46 号文件”下发，腾讯、阿里、万达、苏宁等巨头看到体育产业无限的商机，并相继以不同方式切入体育产业，展开战略布局，借助自己的资金、资源、平台等优势力求占据先机。历经 2014 年、2015 年两年的投资热潮，随后又回落到务实和理性的阶段，三年过去，巨头们无论是从布局的动作，还是行业声浪和影响力来看，都相对“低调”了许多。

2018 年无疑是“体育大年”，不仅有平昌冬奥会，更有俄罗斯世界杯的热潮，这一年走来，体育产业惊喜不断，围绕着“版权”“营销”“健身”“电竞”等关键词的 2018 体育产业大事件层出不穷，本章将围绕这些大事件，总结分析体育产业国内外知名企业与聚集区的发展动态。2019 年，在体育产业与相关产业融合态势不断增强的形势下，体育与文化、养老、教育、健康、农业、林业、水利、通航等产业的融合发展具有巨大潜力，“体育＋旅游”“体育＋健康”的发展空间最大，体育企业在这些领域的探索将会持续加强。此外，随着“互联网＋”、物联网、虚拟现实（VR）、增强现实（AR）、机器人、无人机等现代科技成果和信息技术向体育产业的转移与应用，必将加快推进体育企业在内容、形式、方式和手段等方面的创新。

一、国内知名企业

2018 年竞争格局趋稳，头部企业多全方位布局，打造产业生态圈。传统体育服务业企业，如体育之窗、华熙 LIVE、五星体育等占据自有赛事、场馆、体彩、头部传播等体育垄断资源；传统体育制造业企业，如李宁、耐克、安踏、探路者、贵人鸟等以成熟的体育用品品牌与体育服务业相互交织；跨界巨头企业，如苏宁、万达等以体育产业上游资源为核心，将体育当作集团事业的重要一环，重视体育产业带来的流量效应；互联网企业，如腾讯体育、阿里体育、搜狐体育、新浪体育等多以赛事IP和体育传媒为出发点进行产业布局。

在体育类上市企业中，2017年营业收入排名前十的均为体育用品企业，如安踏、李宁等以体育运动服饰为核心的龙头企业，其多成立于20世纪90年代初期，受益于中国经济的快速增长以及亚运会、奥运会带来的消费热情的爆发，依托上市资本优势实现快速发展。此外，2017年场馆及赛事运营和大众健身类的企业在营收增速方面表现出色，耀胜体育2017年营收增速最高，超过100%。在2017年体育行业营收增速前十名的企业中，有5家赛事运营和大众健身企业，显示出未来发展的潜力。表2-1列出了2017年全年和2018年上半年(H1)部分体育产业上市公司的营业收入、净利润情况。

表2-1　部分体育产业上市公司近两年营收状况

股票代码	公司名称	年份	营业收入（亿元）	同期增减（%）	净利润（亿元）	同期增减（%）
300104	乐视网	2017	70.25	−68.00	−138.78	−2601.63
		2018H1	9.84	−82.25	−11.00	−73.36
000558	莱茵体育	2017	13.24	−65.15	0.29	13.14
		2018H1	4.35	−56.27	0.20	37.78
600158	中体产业	2017	10.92	−7.92	0.58	−4.75
		2018H1	5.60	37.55	0.26	90.52
871549	耀胜体育	2017	0.34	111.13	0.08	211.31
		2018H1	0.16	1.81	0.03	43.51
300005	探路者	2017	30.34	5.41	−0.85	−151.24
		2018H1	8.76	−31.38	0.24	−69.47
02020-HK	安踏	2017	166.90	25.10	30.88	29.22
		2018H1	105.50	44.10	19.40	35.14
02331-HK	李宁	2017	88.70	10.70	5.15	16.00
		2018H1	47.13	17.94	2.69	41.97

续 表

股票代码	公司名称	年份	营业收入（亿元）	同期增减（%）	净利润（亿元）	同期增减（%）
002105	信隆实业	2017	17.46	26.30	0.46	60.38
		2018H1	6.75	−25.86	0.04	108.63
300162	雷曼股份	2017	6.45	14.58	0.20	−33.96
		2018H1	3.48	11.81	0.12	−45.92
000839	中信国安	2017	43.62	11.09	2.59	12.67
		2018H1	19.11	−16.99	0.00	−100.16
000652	泰达股份	2017	190.23	21.70	2.98	10.05
		2018H1	66.22	−11.26	0.43	16.88

资料来源：根据上市公司财年报告整理，保留 2 位小数。

（一）跨界巨头企业

1. 腾讯体育

2017 年尤其是 2017 年下半年，体育产业一夜之间降温，泡沫的破灭速度之快，甚至让业内人士都惊呼没想到，原本大多数人估计回归冷静的时间点应当在 2018 年的下半年。“高烧”退却之后，体育产业重新洗牌，在用户量上独占鳌头的腾讯体育则完全明确了自己媒体的属性，深耕 NBA 赛事内容，导入社交流量，打造衍生生态。

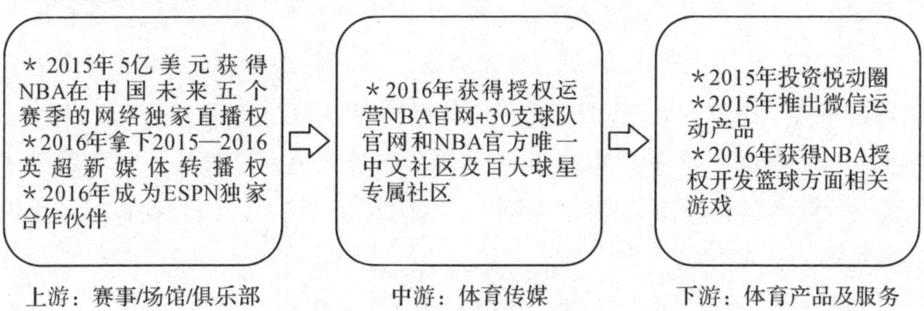

图 2-1 腾讯体育产业链布局

资料来源：清科研究中心根据公开资料整理。

2015 年初，腾讯体育 5 亿美元拿下美国职业篮球联赛 NBA 在中国未来五个赛季的网络独家直播版权，并获得了 NBA 30 支球队所有比赛播放权以及其他网络平台播放 NBA 的授权。2015—2016 赛季，腾讯体育的比赛直播量为 600 场，主要任务是让用户能够流畅地通过互联网看比赛；2016—2017 赛季的目标则是让比赛更加精彩，增加内容，增强互动性，通过报道、包装带来更多场内外内容；到了 2017—2018 赛季，目标则变成“与用户感性地沟通”，相比前两个赛季的具体目标，这个“诚意沟通”乍一听有些虚无，但北京时间 2017 年 12 月 19 日的科比球衣退役大直播，光是弹幕就有 45 万条，这样的流量显然具备了一定说服力。

2016—2017 赛季，腾讯体育开始尝试收费观看，从腾讯体育会员的年卡、季卡和月卡，到 NBA 的联盟通和球队通，产品内容和定价各不相同。推出之时，关于收费观看和定价高低的争论颇多，要改掉中国观众数十年来免费观看体育赛事的习惯、要让观众从口袋里掏出真金白银，并不容易。经过一年半的运营，效果显著。尤其是 NBA 板块，根据腾讯体育方面给出的数据，2017—2018 赛季开始以来，用户量依然有大幅增长，尤其是直播、点播的用户普遍涨了三到五成。考虑到腾讯的用户基数，这样的涨幅着实可观，腾讯体育方面也清楚地认识到这是三年间甚至是不计成本回报投入累积的结果。事实上，腾讯体育方面也认识到腾讯是他们能够不断加大投入的后盾，正因为不需要时刻面临赚钱的压力，腾讯体育才能够以用户需求为导向，深挖运营。

近三年的准备、运营之后，目前腾讯体育 NBA 的直播业务板块基本已进入稳定运转状态，不管是科比球衣退役、圣诞大战这样的大直播，还是总决赛的整个直播、报道，已经形成了一套完善的体系。而这套体系，对于腾讯体育运营其他赛事版权、自主办赛，可以提供直接的经验。2017 年春天，NBA 总裁亚当·萧华曾评价说：“NBA 和腾讯体育的合作是一个模板。”对于腾讯体育来说，NBA 不但是其篮球内容的核心，同样是其运营大赛、版权赛事和自主办赛的模板。

除了 NBA 赛事，两年来国际级商业性赛事北美四大联盟中 NFL（美式橄榄球）和 NHL（冰球），网球四大满贯赛事中的法网、温网和美网也已陆续登上了腾讯体育平台。更为重要的是，腾讯体育说服了这些赛事的管理者和商业开发者，针对中国市场小众赛事，双方共同培育市场、共同进行商业开发，而非“榨干”媒体来支付天价版权。

在腾讯体育的版图中，企鹅派对跑、超级企鹅篮球名人赛和“地表最强十二人”国乒直通赛是2017年的三项自主创办赛事。其中企鹅派对跑更像是分站活动，为各地用户准备；超级企鹅篮球名人赛则主打体育＋娱乐；“地表最强十二人”国乒直通赛刷新了国乒直通赛的规模纪录，从现场情况来看，比赛票房完全系于张继科的号召力。

2018年，腾讯体育聚焦于评估后认为重要的内容，同时做一些新的尝试，包括超级企鹅足球名人赛和校园电竞赛事等，在“取舍”和“试错”中继续成长。契合着2018年大赛年的现实情况，作为中国奥委会的官方新媒体合作伙伴，腾讯体育极为看重，希望能够乘着2022年北京冬奥会的东风，将这一顶级冰雪赛事资源利用好。针对2018年的大赛，腾讯体育设有相应的线下活动作为线上内容的补充，满足客户打通线上线下的需求，包括冬奥会前的冰雪论坛，以及世界杯前覆盖10个城市的球星致敬活动等。

腾讯体育在深耕赛事内容的同时，以自身强大的新媒体作为桥梁，将用户有效锁定在腾讯的生态圈内，实现内容变现，从而进一步打造其衍生生态。2017年，通过对核心赛事的深耕衍生，腾讯体育已经实现NBA赛事版权方面运营的收支平衡，未来盈利也只是时间问题。

2. 阿里体育

(1)布局与发展

阿里体育成立于2015年9月，由马云掌控的阿里巴巴控股、新浪和云峰基金共同出资。阿里体育成立之初，即与国际足联达成合作，成为国际足联俱乐部世界杯2015年至2022年的独家冠名赞助商。如表2-2所示：

表2-2　阿里体育发展历程

序号	时间	事件描述
1	2014年06月	以12亿人民币入股恒大足球俱乐部，获其50%的股权
2	2015年05月	签约赞助帕克十二联盟(Pac-12)，并于稍后获得NCAA在华赛事的独家转播权
3	2015年12月	获得国际足联俱乐部世界杯的商业赞助权，成为第一个冠名顶级国际比赛的中国企业

续 表

序号	时间	事件描述
4	2016 年 01 月	获得 NFL 在中国大陆地区的媒体播映权
5	2016 年 03 月	启动原创电竞赛事 WESG(世界电子竞技运动会),并创建电子竞技的开放平台
6	2016 年 04 月	与世界橄榄球联合会宣布结成合作伙伴
7	2016 年 06 月	与国家体育场(鸟巢)、国家游泳中心(水立方)结成合作伙伴,同时创造性提出“城市体育发展整体解决方案”
8	2016 年 08 月	与新英体育签约,淘宝“热血英超”频道上线
9	2016 年 10 月	成为 CBA 官方转播机构
10	2016 年 12 月	与国际泳联达成 10 年全面战略合作
11	2017 年 01 月	与国际奥林匹克委员会达成期限至 2028 年的长期合作,成为国际奥委会在“云服务”及“电子商务平台服务”领域的官方合作伙伴以及奥林匹克频道的创始合作伙伴
12	2017 年 06 月	与国际滑雪联合会签订框架协议,将共同推行“爱上雪”计划,旨在帮助中国雪上运动的参与人数首期提升至 3000 万
13	2017 年 11 月	与大、中学生体育协会合作,协力运营校园体育比赛
14	2017 年 11 月	拿下 CUFA(中国大学生足球联赛)运营权
15	2018 年 06 月	拿下阿迪达斯对于 CUFA(中国大学生足球联赛)的冠名赞助
16	2018 年 04 月	并购互联网健身运动品牌乐动力
17	2018 年 08 月	获得未来七个赛季(至 2025 年 9 月)CUBA(中国大学生篮球联赛)独家运营权

资料来源:根据网络资料整理。

在上游赛事的优质版权已经被瓜分(NBA 属于腾讯,英超属于腾讯、乐视、新浪,西甲属于 PPTV)的情况下,阿里体育作为一个“迟到者”被逼无奈下不得不另辟蹊径。2015 年 12 月,获得国际足联俱乐部世界杯的商业赞助权,成为第一个冠名顶级国际比赛的中国企业,这是阿里体育成立以来的一个大动作,阿里体育希望利用好自身优势,运用电商、营销及数据资源,去创造体育产业的全新形态。

由于业内竞争压力增大,版权成本非常高,且想要利用版权实现盈利存在一定难度,在这种情况下,阿里体育在布局时更多的是以发展线下体育市场为目标。2018 年 4 月,并购乐动力是阿里体育发展线下体育市场的路径,并购后阿里体育实力无疑将有所增强。2018 年数据显示，乐动力拥有约 5500 万用户，覆盖跑步、健身、减肥三类人群，乐动力以线下运动工具起家，技术方面具有较大优势。

(2)未来挑战

对于一直以来都想成为行业老大的阿里体育来说，未来依然充满挑战。

一是，阿里体育的根基不稳，产业链仍不够完善。尽管背后有着强大的资本支持，阿里体育仍属于行业中的新兵。“迟到者”阿里体育，在经验和对体育行业的了解度上都存在着不足，从其布局中也可以看出，阿里体育在体育产业链的建设上还不够完善。比如阿里体育上游的开发做得不到位，并没有出现一个清晰的体育产品或 IP 能够对其进行产业延伸等。

二是，后方支持无法保证。相较于其他行业而言，体育行业 IP 衍生属性较差，变现能力较弱，且体育行业一直处于不稳定的市场环境，因此阿里体育在整个阿里系中处于“不受宠”的地位。与此同时，阿里体育自从完成融资并购后，就一跃成为体育市场中唯一的“独角兽”，地位的拔高也意味着阿里体育未来要应对来自四面八方竞争对手的攻击。

面对挑战，阿里体育唯有增强自身实力，另辟蹊径构建出优势壁垒，才能够在激烈的竞争中保住自己巨头的宝座，并实现更大的发展。首先，借力大数据、人工智能等技术，完善阿里体育的产业链。其次，借助阿里的电商优势，重构新零售场景，发展新的商业模式。最后，着重上游 IP 的开发，打造体育生态圈。

2018 年，尽管完成融资并购后的阿里体育已经在体育市场中占有了一席之地，但其在市场中的地位仍然不稳，主要原因是阿里体育自身和外部环境因素的影响。未来，阿里体育作为体育产业中数一数二的巨头，在发展自身的同时，希望能够为体育产业带来新的方向、模式，带领体育产业繁荣发展。

综上所述，腾讯体育、阿里体育等巨头对于体育产业的布局均是围绕产业链上游的赛事资源，近两年国内体育产业发展较快，但和欧美成熟的体育产业相比，我国体育产业仍处于早期发展阶段，客户的消费习惯仍然偏于保守，对体育服务业的相关消费也十分有限。因此，各巨头要想真正实现价值变现，仍然需要时间的积淀。

二、国外知名企业

国外体育产业化起步较早，体育产业发展的高峰期始于 20 世纪 90 年代以后，西方发达国家普遍进入了大规模高消费和追求生活质量的阶段，经济的高度发达为体育产业的发展提供了物质基础和市场需求。随着体育产业的发展，应运而生了许多寡头垄断企业，体育赛事的核心资源被寡头凭资金及先发优势垄断。国外主要体育巨头包括 ESPN（娱乐与体育节目电视网）、国际管理集团（IMG）、盈方体育传媒集团、八方环球、拉加德雷体育、MSG 公司等。这些企业大多背靠实力雄厚的股东，布局上游赛事资源，掌控着全球最核心、最优质的体育资源，凭借丰富的市场化商业运营经验，从单一业务起家，多元化发展，最终构建覆盖全体育产业链的生态模式，并通过国际化将商业模式不断复制扩张。笔者以全球最大体育电视网 ESPN 为例，分析其发展现状。

（一）ESPN 发展历程

ESPN（娱乐与体育节目电视网）是全球最大的体育电视网，总部位于美国康涅狄格州的布里斯托尔。1979 年 9 月 7 日正式开播，目前已逐步成长为世界体育传媒第一品牌。至 2018 年上半年，ESPN 的卫星网络在美国订阅用户近 9000 万，覆盖全球 200 多个国家，观众超过 2.1 亿人。

表 2-3　ESPN 发展历程

序号	时间（年）	事件描述
1	1979	第一个电视节目“Sports ”在布里斯托尔演播室录制
2	1980	首次转播 NCAA 锦标赛，“March Madness”自此成为全美最受欢迎的篮球赛事之一
3	1983	开启全球化征程，首先落户拉丁美洲
4	1984	美国广播公司（ABC）从纳比斯科和格蒂石油公司手中买下 ESPN，并为其提供资金以竞标大型体育赛事项目

续 表

序号	时间(年)	事件描述
5	1987	与全国橄榄球联盟(NFL)签订合约,其周日夜足球成为未来17年内获得最高评分的NFL电视节目,ESPN从小型体育新闻平台一跃成为美国最大的有线电视台
6	1992	推出了ESPN Radio,业务包括分析和评论节目以及体育赛事的音频播放,同年,开始向亚洲各国和地区转播赛事
7	1993	ESPN 2首播,1000万美国家庭选择收看
8	1996	迪士尼收购美国广播公司(ABC),同年ESPNews启播
9	1997	收购Classic Sports Network(现ESPN Classic)
10	1998	ESPN Magazine发行,通过超大尺寸的照片及文字向全球体育迷介绍体育时事、原创视频、播客以及广播节目等
11	2004	第一个24小时西班牙语体育频道ESPN Deportes正式启播
12	2004	在康涅狄格布里斯托成立高清电视中心,大部分电视节目,包括世界体育中心、今日棒球、国家足球联赛直播、校园赛事日等和其他ESPN播放的赛事都开始以高清标准放送
13	2005	ESPNU启播,频道专注于播送大学体育项目
14	2011	适用于iPad、iPhone和iPod的Watch ESPN应用程序启用,同年Longhorn Network启播
15	2014	由ESPN和东南联盟(Southeastern Conference,SEC)合作开设的频道SEC Network启播,将全天候播放东南联盟各项赛事
16	2018	作为数字化转型的重要一步,旗下全新的订阅式流媒体服务"ESPN+"已于4月12日正式上线,这项服务将融合于全新改版的ESPN App,两者也将在内容上实现整合

资料来源:ESPN,招商证券。

(二)ESPN主营业务及优势

ESPN致力于与体育电视网相关业务的多元化经营,ESPN经营拓展部于1992年11月正式成立,在充分利用多年体育专业化积累的品牌优势和各项资源的基础之上,该部门对其相关业务进行了充分拓展。如表2-4所示:

表 2-4 ESPN 主营业务及特点

业　务	特　点
电视频道	本土有 8 个有线电视频道,ESPN International 遍布 6 个大洲
广播	ESPN Audio 由全美最大的体育无线电网络 ESPN Radio、ESPN Podcasts 以及 ESPN Deportes Radio 组成,为遍布全美的 700 余家电台提供节目,其在美国本土的覆盖率已经达到了 80%
数字传媒	包括 1995 年推出的全球领先的在线体育服务 ESPN. com、ESPN App、ESPN3 和 ESPN Fantasy Sports(第一幻想足球比赛)以及其他互动游戏
体育杂志	ESPN Magazine 于 1998 年首次发行,曾连续四年获得"全美十大最受欢迎周刊",每期发行量达到 1750 万,通过超大尺寸的照片以及长篇数字演示文稿向全球体育迷介绍体育时事、原创视频、播客以及广播节目等
商品发行	包括品牌和联名品牌的服装和配饰,体育用品以及室内、室外娱乐产品; X Games 系列产品可在线上线下购买,包括自行车、滑板、滑板车和街机游戏等
赛事管理	拥有并经营着 30 多场比赛,其中 ESPYs(1993 年推出),X Games(1995 年推出),Winter X Games(1997 年推出)
电子商务	体育观众可以登录 ESPN. com 进行网购,如订购自己喜欢的球队的有关产品等
其他	开设主题餐厅 ESPN Zone;ESPN 还借助母公司迪士尼集团的力量在遍及全球的迪士尼主题乐园内建立 ESPN 俱乐部

资料来源:ESPN,招商证券。

作为世界体育传媒第一品牌,ESPN 拥有其独特的品牌经营策略和商业模式,其"频道细分化、节目制作精良、内容多元化、全球扩张化"构筑了 ESPN 极强的竞争优势。节目内容优质丰富,针对不同受众群体实现频道细分化,目前 ESPN 共有 23 个体育赛事资源(主要分为国际赛事、美国国家联盟赛事及区域性联盟赛事),8 个有线频道,18 个体育新闻节目,7 个谈话节目,2 个原创系列以及 23 个体育赛事直播权。其经典栏目市场竞争力仍然很强,如 1979 年首播的频道 ESPN,以 24 小时播出体育赛事新闻、精彩赛事为主,其 2017 年平均每月观看人数仍能达到 1.15 亿人。在节目制作上,ESPN 拥有世界最大、技术最先进的电视制作设备。另一方面,ESPN 王牌节目的解说员大多自身体育专业知识和实际经验丰富,且解说风格突出。ESPN 业务不断向全球扩张,目前在全球共拥有 19 个电视频道,以四种语言(英语、西班牙语、葡萄牙语和法语)覆盖 61 个国家和地区播出。根据 2017 年 ESPN 公告称,其全球视频浏览量与去年同期相比增长了39%,达到14.1亿,新兴市场有显著增长,例如西班牙语拉丁美洲增长107%,巴西增长97%,印度增长92%。

(三)ESPN近两年面临的危机

1.订阅用户减少,订阅价格升高

近几年来,ESPN订阅用户数量持续下降,订阅费用却仍然直线上升。2017年,ESPN订阅数量约为8800万,相比于2010年,用户数量减少近1200万,下降了12%。2014到2017年,除ESPN International全球用户量有所上升以外,其他电视频道订阅用户量均有所下降。

ESPN订阅用户量持续下降的原因,一方面是由于美国有线电视订阅用户下降,另一方面高昂的订阅费用也成为用户流失的主要原因。Kagan的数据显示,2017年ESPN平均订阅费用为7.86美元,较2016年增长了9%,较2009年增长了146%。而有线电视用户订阅量普遍下降,原因离不开数字电视媒体与社交媒体的冲击。2017年,72%的互联网用户选择使用数字电视媒体观看视频,相较于传统有线电视,数字电视媒体资源更加丰富,节目类型更多,互动性强,可使用更多的设备,移动端可以随时随地观看喜欢的视频。今后将会有越来越多美国人取消订阅有线电视用户,eMarketer数据显示,2017年2220万美国人取消订阅有线电视,较上年增长了32%,预计2021年取消订阅有线电视用户数将达到4010万。如表2-5、图2-2所示:

表2-5 2017年各体育频道订阅用户及订阅费

频道	订阅费(美元/月)	订阅用户数(千)
ESPN	7.86	87437
ESPN 2	0.98	87349
ESPNU	0.25	68574
Fox Sports1	1.30	84159
Fox Sports2	0.33	50164
NBC Sports	0.32	83790
Golf Channel	0.35	75678

续 表

频道	订阅费(美元/月)	订阅用户数(千)
TBS	1.02	91671
TNT	2.09	90332
NFL Network	1.40	70954
MLB Network	0.26	64014
NBA TV	0.23	50838
Pac-12 Network	0.39	12000
SEC Network	0.74	70000
Galavision	0.05	67204
Berlin Sport USA	0.10	22679
Tru TV	0.25	86832

资料来源:SNL Kagan,尼尔森,招商证券。

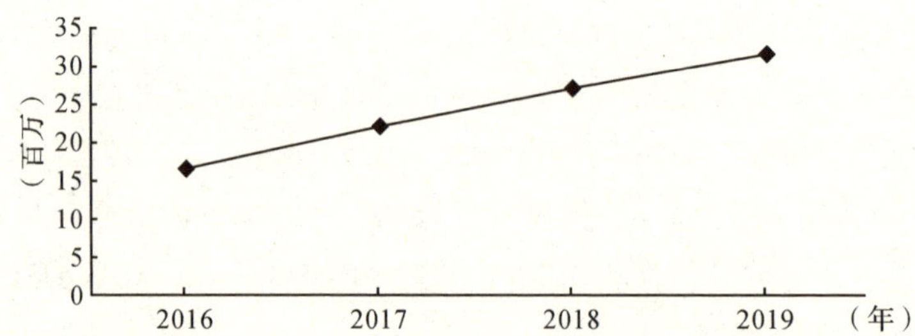

图 2-2 2016—2019 年美国取消订阅有线电视用户量(百万)

资料来源:eMarketer,招商证券。

2. 高昂的版权成本

体育 IP 是体育产业的核心资源,具有巨大的商业价值,但世界顶级体育赛事的资源相对短缺,因此版权争夺不可避免,版权价格直线上涨。以 NBA 为例,1998 年每赛季均价约为 6.6 亿美元。而 2015 年,ESPN 以每年超过 26 亿美元买入了之后 9 个赛季的转播权,相较于 1998 年版权价格翻了近三番,高昂的版权成本极大地压缩了 ESPN 的利润空间。如表 2-6 所示:

表 2-6 NBA 版权价格及同比增长

时间(年)	均价(亿美元)	赛 季	同比增长
1998—2002	6.60	4	—
2002—2008	7.70	6	16.67%
2008—2016	9.25	8	20.13%
2016—2025	26.00	9	188.65%

资料来源:尼尔森,招商证券。

(四)ESPN 应对之策

全球化、移动化与版权分销是 ESPN 应对危机的三大法宝。2013 年至 2017 年,使用 ESPN 移动端的用户数量不断上升,2017 年移动数据端用户达到 1.17 亿人,同比增长 6.4%。在电视端用户逐渐流失的情况下,未来 ESPN 想要进一步扩张,跟当地的流媒体合作是其重要战略之一,与不同的流媒体进行合作,将版权内容分销给流媒体,以扩大收入来源。

三、新兴企业

伴随着移动互联网的快速发展,体育产业也发生了翻天覆地的变化。互联网的普及为体育产业提供了更多样化的商业模式,拓展了更多的渠道。近几年,体育产业新兴的企业多是在互联网的快速发展下催生出来的,运用互联网思维深度挖掘用户需求,也为用户提供了更加便捷的服务。下面以 Keep 为例,介绍体育产业新兴企业的发展。

Keep 于 2015 年 2 月 4 日上线,致力于为消费者提供健身教学、跑步、骑行、交友及健身饮食指导、装备购买等一站式运动解决方案。2018 年 10 月 Keep 完成了 1.27 亿美元 D 轮融资的消息轰动业界,这是 2018 年中国创业公司获得的最大额融资。本轮融资 Keep 将用于 AI 产品的研发、新业务线孵化,以及健身内容的持续强化。

(一)Keep 精准定位用户

Keep 将用户定位为不去健身房的小白,而不是在健身房里每天疯狂运动有很多肌肉的人。小白用户的需求很简单:穿衣显瘦,脱衣有肉。传统健身对于这些用户来说最大的问题在四个方面:时间、地点、金钱、人物。Keep 通过提供一款移动互联网 App,在任何时间、任何地点都能运动。Keep 免费的产品策略让用户摆脱了高昂的私教费用,同时 App 具有社交属性,通过互联网载体,可以同时和几万人一起运动。

精准定位用户后,Keep 形成了产品决策三原则:要多不要少、要重不要轻、要专不要散。要多不要少,是指产品策略解决不了所有的问题,所以应集中力量满足最主要的用户群体需求。要重不要轻,是指在移动智能时代,用户期望打开搜索引擎立马获得结果,打开 App 马上得到解决方案,基于此,Keep 团队认为要把产品做得足够“重”,用户才可以“轻”。例如,用户想瘦肚子,打开一个训练计划,直接跟着练就可以,时间和效率都得到了提高。要专不要散,其实就是指专注,Keep 早期把自己定义为移动健身教练,Keep 社区不允许主动发任何动态,希望用户精力放在训练上,每一条动态都必须完成一次训练才可以发布。到了 Keep4.0 版本,增加了综合性的健身场景,品类也有所扩充,同时提出自由运动场的概念,依然强调训练的重要性。

(二)Keep 的低成本运营

在新媒体渠道进行低成本的运营让 Keep 用户从零做到 200 万户。2015 年 1 月,针对目标用户群,Keep 运营人员在相关渠道,撰写健身、减肥的帖子,专注于运动健身的干货。当时互联网相关高质量的文章不多,因此受到了很多粉丝关注。两三周之后,当 Keep 团队拥有了一定话语权和影响力,Keep 正式上线。由于分享了很多干货,获得了大家的信任,因此 Keep 上线初期,在 Keep 的核心用户群体里一下子火了。利用新媒体运营及 Keep 自身的产品力,Keep3 个月发展到了 200 万用户,同时完成贝塔斯曼和银泰资本 500 万美元 A 轮融资。

（三）“给钱最快”的VC（风险投资）

投资人不是突然出现的，Keep在天使阶段就与一些投资机构有沟通，而后者一直在观察产品情况。产品上线后，很快GGV（纪源资本）就主动找上门来了。考虑到现有股东情况，Keep的B轮融资想选一家有硅谷背景、有名气的VC，GGV的战略视野、资源与口碑在圈内非常好，正是Keep心仪的VC。双方迅速达成协议，B轮融资GGV领投1000万美元。

（四）Keep的商业推广

Keep团队将Keep作为品牌而非产品进行打造，Keep决定投资千万人民币打造品牌商业电视广告——“自律给我自由”，鼓励人们通过运动、自律、坚持去追求更健康的生活以及人生更多的可能性。围绕着“自律给我自由”的品牌主张，Keep采用了立体化的营销组合形式，将Keep品牌价值更好地传递给用户。在垂直领域中，Keep在一线城市中重要的健身房、体育馆、篮球场和足球场等场馆中投放品牌广告，加强对目标用户的影响，让品牌形象更深入人心。Keep在平行领域将触角延伸到娱乐领域，跨品牌合作，实现对潜在用户的转化。例如，与摩登天空跨界打造运动音乐派对Flow，通过运动与音乐，为用户提供释放自己、重获新生的机会，同时希望将这种全新的生活方式传递给更多人。随着商业电视广告的投放结束，Keep的日均自然新增用户翻倍，总用户量趋近5000万户，月活跃用户2000万户。

（五）Keep的品类扩展

Keep还通过品类扩展来最大限度地开发用户，逐步完善健身、跑步和骑行三大重要模块，从“移动健身教练”升级为“自由运动场”，覆盖更多运动人群。这一升级除了为用户带来体验提升之外，Keep的场景适用性和使用频次大幅提升，以便在新的细分增量市场上持续获取用户。2018年万豪国际集团旗下威斯汀酒店及度假村与Keep结为战略合作伙伴，共同携手为宾客在旅途中提供更为便捷的运动场景。此次合作开创了酒店行业与体育互联网行业共同探索运动新体验的先河，突破时间与空间的局限，让活力运动的健康生活方式无处不在。

伴随近几年快速发展，2018 年 Keep 用户数量达到 1.4 亿户，并且其运动内容已经涵盖了健身、跑步、瑜伽、骑行、足球、社区和饮食等领域，2018 年也尝试与漫威、环太平洋、热血街舞团等品牌 IP 进行合作。尽管如此，仅凭借广告、线上付费课程、电商等传统变现渠道，Keep 仍难以支撑其生态战略。健身本身就注重线下的体验，线上付费市场一直也比较艰难，健身最终还是要回归线下。2018 年 3 月，第一家 Keepland 在北京华贸落地，与大众的期待相比，Keepland 的创新还有一定程度的差距。前期 Keep 的发展循规蹈矩，2018 年则放开了手脚不断扩大业务边界，对此业内人士表示，面对大型传统健身房和正在迅速复制的新兴互联网健身，Keep 能否突出重围保持领先，还要画上一个大大的问号。

四、体育产业聚集区

产业集群作为全球化和知识经济背景下的世界经济现象，具有的群体竞争优势和集聚发展的规模效益是其他产业组织形式难以相比的。国内近几年新兴的体育产业聚集区收到了很好的经济效益，并且对推动当地体育产业的发展起到了重要的作用。

根据国家体育总局《国家体育产业基地管理办法（试行）》和《体育总局关于进一步加强国家体育产业基地建设工作的通知》，由各省、自治区、直辖市体育局推荐申报，经材料审查、专家评审、现场评估和综合评定，2017 年国家体育产业示范基地新增 11 家，至此，国家体育产业示范基地已达 36 家。笔者重点介绍德清国家体育产业示范基地发展情况。如表 2-7 所示：

表 2-7　2017 年新增国家体育产业示范基地名单

序号	地　区	名　称
1	浙江省德清县	德清国家体育产业示范基地

续 表

序号	地 区	名 称
2	江苏省张家港市	张家港国家体育产业示范基地
3	福建省福州市仓山区	仓山国家体育产业示范基地
4	贵州省黔西南州兴义市、安龙县、贞丰县	黔西南(县域)国家体育产业示范基地
5	江西省婺源县	婺源国家体育产业示范基地
6	内蒙古自治区阿拉善盟阿拉善左旗	阿拉善左旗国家体育产业示范基地
7	上海市杨浦区五角场地区	五角场国家体育产业示范基地
8	辽宁省大连市长海县	长山群岛国家体育产业示范基地
9	云南省腾冲市	腾冲国家体育产业示范基地
10	江苏省南京市建邺区	建邺国家体育产业示范基地
11	广东省佛山市南海区	南海国家体育产业示范基地

资料来源:国家体育总局官网。

浙江省德清县体育产业围绕体育产品制造、体育场馆运营、体育休闲服务业发展、体育彩票销售和体育协会发展等方面,积极营造有利环境,已初步形成了泰普森、五洲体育、乐居户外、久胜车业等4大产业集群,莫干山体育特色小镇、Discovery探索极限基地、“象月湖”户外休闲体验基地等三大基地为核心的体育产业总体布局。据统计,至2017年德清县体育产业企业达123家,2017年实现销售收入过百亿元,体育产业集群效应明显。

莫干山体育特色小镇以打造“裸心”体育为主题,规划“一心一带两翼多区”,将体育、健康、文化、旅游等有机结合,以探索运动、户外休闲、骑行文化等为特色,带动生产、生活、生态融合发展。“一心”位于小镇核心区域,为产业文化中心,主要承担高端商务、技术研发、产品展览、会议研讨、商业配套、体验娱乐等功能。“一带”主要是指以体育文化为主题的产业展示带,集中了体育产品、文化创意、休闲娱乐、餐饮美食、主题住宿等多种产业形式。“两翼”即位于镇区北侧的Discovery探索极限基地和镇区南侧的久祺国际骑行营。“多区”包括竹海登山区、骑行天堂区、森氧居宿区、莫干门户区和历史创意区。

Discovery探索极限基地位于莫干山镇,2016年建成,占地约400亩,包括露营基地、野外生存训练、障碍训练等,设置骑马、射箭、滑索等近20种户外探险活动产品，以及“25m×15m”的中国最高攀岩墙，总投资额 2.1 亿元。

“象月湖”户外休闲体验基地位于武康镇，2017 年建成，占地 2000 亩，包括户外休闲体验基地、创意展示、工业设计、国际会展、世界知名品牌商贸等五大板块，总投资额 10.2 亿元。

（一）跨界融合

近年来，德清县积极探索跨界融合。“体育＋文化”，充分挖掘德清历史民俗文化，逐步形成了莫干山竹海马拉松、乾龙舞灯会、下渚湖龙舟赛等群众体育品牌活动，木兰拳学会、安泰时装叠人塔队伍还走出国门，打响了群众体育德清品牌。“体育＋旅游”，依托莫干山国际旅游度假区和“洋家乐”高端民宿，全力打造“裸心”主题体育特色小镇，建成 Discovery 探索极限基地、久祺国际骑行营、山浩户外等项目，开展探索、骑行、攀岩等户外休闲运动，年体育旅游人数超 500 万人次。

（二）赛事活动

以全民健身为核心，德清县打造了诸多地方品牌赛事，推出了诸如全国自行车公开赛、TNF100 越野赛、香港 100 越野赛、德清国际竹海马拉松、莫干山国际铁人三项赛等品牌活动，推动了全民健身和全民健康深度融合。

“十三五”期间，德清还将引进一批适合德清举办、市场前景较好的国际和全国单项体育赛事，如承办 2022 年杭州亚运会部分赛事、浙江省第 16 届运动会、全国男排联赛等。

德清国家体育产业示范基地依靠体育产业传统优势，将体育产业、文化、旅游有机结合，打造具有山水特色的“户外运动赛事集散地、山地训练理想地、体育文化展示地、体育用品研发地、旅游休闲必经地和富裕民众宜居地”，有效地促进了经济发展，同时保护生态实现了可持续发展。

总之，随着 2014 年国务院“46 号文件”下发，体育产业经过 2014 年、2015 年两年的快速发展，传统体育服务业和体育制造业获得了长足的发展，同时也诞生了许多明星企业、跨界巨头企业和新兴企业。伴随着 2017 年、2018 年投资热度的持续下降，这些企业都或多或少遇到了发展的问题，如何顺势而为，开拓市场，更好地为用户服务，真正实现价值变现，是企业面临的挑战。未来期望体育产业企业不断探索新的模式，在发展自身的同时，能够带领体育产业繁荣发展。

（作者：成都信息工程大学银杏酒店管理学院　赵　易）

第三章 体育产业经济

“体育强则中国强，国运兴则体育兴。”①习近平总书记强调，体育承载着国家强盛、民族振兴的梦想。在我国，体育曾在相当长一段时期被视为“事业”，重点发展为国争光的竞技体育和提高人民体质的群众体育两个方面，2008 年北京奥运会之后，我国在国际上的竞技体育强国地位无可撼动，时至今日，我国的竞技体育由追求金牌走向享受体育精神，体育带来的健康与快乐，是人民群众美好生活愿望中的重要需求。随着中国经济的飞速发展，体育已经进入了全面发展的新时期，出现越来越多的体育消费新需求，未来体育产业或将成为带动经济增长的支柱型产业。2019 年 1 月 15 日，国家体育总局、国家发展改革委发布了《关于进一步促进体育消费的行动计划（2019—2020 年）》，提出“到 2020 年全国体育消费总规模达到 1.5 万亿元，人均体育消费支出占消费总支出的比重显著上升，体育消费结构更为合理”的主要目标。

近些年，体育产业的崛起吸引了大量的社会资本，阿里、万达、腾讯、苏宁、恒大等巨头纷纷关注到体育产业领域，创投资本正在培育更多的体育初创公司，体育产业前景被纷纷看好。但国内投资者受到国内体育产业整体水平较低等因素制约，同时也在不断关注国外体育产业的发展并进行选择性投资。

① 2017 年 8 月 27 日，习近平总书记在天津会见全国群众体育先进单位、先进个人时的讲话。

一、体育产业消费升级

国家对于体育消费的增速和未来增长前景非常看好，国务院总理李克强在2016夏季达沃斯论坛致辞时曾提道："服务业成为第一大产业的优势在不断显现，智能通讯、手机、新能源汽车等新兴消费迅速扩大，旅游、文化、体育、健康、养老'五大幸福产业'快速发展，既拉动了消费增长，也促进了消费升级。"①

《2017年中国居民消费发展报告》全面梳理了我国居民消费的详细情况，位列"五大幸福产业"中的体育产业势头强劲，报告中的第五章重点介绍了我国体育消费的发展情况，全面梳理出我国体育消费的年度账单，根据2017年体育消费的热点数据，不难看出体育产业消费升级的新变化。

（一）三大球类消费是主力

《国务院办公厅关于加快发展生活性服务业促进消费结构升级的指导意见》（国办发〔2015〕85号）中指出，以足球、篮球、排球三大球为切入点，加快发展普及性广、关注度高、市场空间大的运动项目。在政府的大力助推下，三大球类项目消费一直在稳步发展。

足球方面，2017年全国及各个地方足球协会共开展足球赛事约三十万场（不含校园足球），其中由中国足球协会主办的赛事达到1.5万场，各地方足球协会举办的赛事合计超过28万场。职业赛、杯赛及中国之队相关赛事现场观众人数超过950万人次，收看电视的观众达6.83亿人次。

如图3-1所示，2017年足球赛季，上游相关赛事取得收入超100亿元，中游传媒、各场馆取得收入超60亿元，下游足球培训与足球用品取得收入超200亿元。

篮球方面，2017年三人制篮球比赛成为奥运会正式比赛项目，中国篮球

① 2016年6月27日，李克强总理在第十届夏季达沃斯论坛开幕式上的致辞。

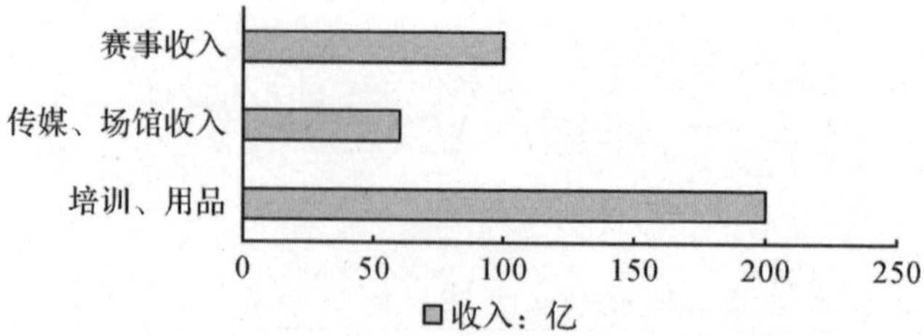

图 3-1　2017 年足球产业链上中下游收入情况

数据来源：《2017 年中国居民消费发展报告》。

协会同年开展了多达 5 项全民参与的三人篮球赛事，覆盖了全国半数以上省份，超 200 座城市。中国篮球协会主办的中国“三对三”联赛、“我要上奥运”全国三人篮球擂台赛和肯德基三人篮球赛，覆盖了全国 30 个省、自治区、直辖市，参赛球队共计 92000 支，吸引了超过 50 万名的篮球爱好者参与，广东省作为篮球教育普及较早的地区，篮球消费一直占据首位。

排球方面，2017 年中国排球协会所开发的社会赞助总额接近 1 亿元，共举办排球赛事超过 2100 场，各赛事观众人数超过 150 万人次，中国排球超级联赛共举办超过 300 场赛事，男女 28 个俱乐部参赛，遍布全国 20 多个城市，国际 A 类排球赛事近 100 场，大众排球超过 66 万场，沙滩排球 500 场。

2018 年 7 月 18 日，京东研究院发布了 2018 年球类运动消费报告，报告显示该年度球类经济规模已超过万亿元。在全民体育时代，球类运动及其消费一直是最受欢迎、最具备商业化价值的部分。

（二）马拉松运动产业消费增速明显

中国田径协会统计数据显示，2017 年全国共举办马拉松规模赛事（800 人以上路跑赛事，300 人以上越野跑赛事）1102 场，参赛共计 498 万人次，其中中国田径协会认证赛事 256 场。截至 11 月 2 日，2018 年全国共举办马拉松规模赛事（800 人以上路跑赛事，300 人以上越野跑赛事）1072 场，参赛共计 530 万人次，其中中国田径协会认证赛事 310 场。近些年马拉松赛事与参赛人数都在不断增加，预计到 2020 年全国马拉松规模赛事将超过 1900 场，中国田径协会认证赛事将达到 350 场，各类路跑赛事参赛人数将超过 1000 万人次，马拉松运动产业规模将达到 1200 亿元。如图 3-2 所示：

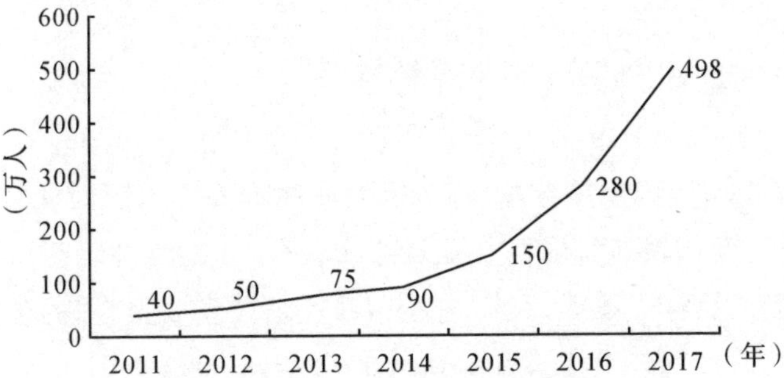

图 3-2　2011—2017 年马拉松参与人次

数据来源：中国田径协会会议报告。

作为一种群众参与性极强的体育赛事，马拉松点燃了全民健身的热潮，也逐渐形成了较为成熟的经济产业链，除了赛事的报名收入，广告、运动服装、运动鞋、智能穿戴设备、房地产、金融、医疗、旅游等等也成为马拉松经济的助推者。

以重庆国际马拉松为例，作为中国西部第一个全程马拉松赛，重庆国际马拉松大赛由 2011 年全财政专项资金管理，逐渐过渡到财政投入和市场运作收入共同支持，2018 年已实现全市场化运作。2018 年重庆国际马拉松大赛共吸引了来自 38 个国家和地区的 3 万余名跑步爱好者报名，包含近 60％的外地选手，大赛期间重庆市南岸区接待本地市民与外来游客 287.26 万人，实现旅游收入 14.65 亿元。

《2017 年中国体育（运动项目）产业消费研究报告》显示，2017 年我国马拉松爱好者在跑步上的花费涵盖了 45 类相关的产品服务，年度平均跑步消费金额达到 13078 元。我国马拉松跑者每花费 100 元参赛报名费、200 元日常跑步训练，就会有 512.5 元用于跑步装备的购买、437.5 元用于赛事衍生消费，如吃、住、行、游、购、娱。

全民健身的大背景下，跑步这项门槛低又时尚的运动已经成为居民健身的首选，随着运动观念的转变，人们对于跑步装备的要求也在提高，从运动服、运动鞋，到智能电子设备都在向专业化和个性化方向发展，与此同时，专业跑步培训机构与跑步私教行业也渐渐兴起。由马拉松运动带来的相关产业消费金额已经远远高出了参赛报名、日常跑步训练驱动的本体产业消费金额。

（三）山地户外运动消费势头强劲

2016 年 11 月，国家体育总局、国家发展改革委等八部门联合印发《山地户外运动产业发展规划》，规划中提出到 2020 年，山地户外运动产业总规模达到 4000 亿元的目标。根据《2017 年中国居民消费发展报告》的数据，2017 年我国泛户外人口（每年至少参加一次以上户外运动）已达 1.3 亿—1.7 亿人，经常参加山地户外运动的人口达到 6000 万—7000 万人。从我国山地户外运动产业发展的强劲势头以及消费深度的持续提升来看，预计我国户外运动产业当前市场规模为 2500 亿元左右。

核心户外用品市场是整个户外用品市场的重要组成部分，也是户外产业的核心收入来源，据《中国户外用品市场 2017 年度调查报告》统计，2016 年户外用品行业整体规模达 484.8 亿元，核心户外用品市场规模达到 184.4 亿元，较 2015 年增长 1.84％；2017 年户外整体市场规模达 504.2 亿元，其中核心户外市场规模达到 190.3 亿元，较上年增长 3.2％，增速持续放缓。如图 3-3、图 3-4 所示。

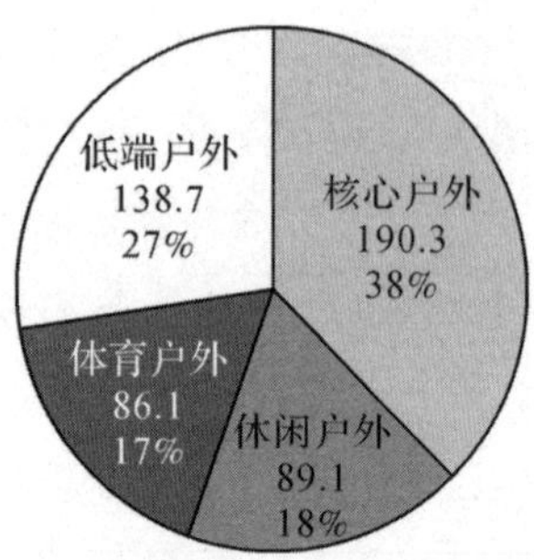

图 3-3　2017 年中国户外市场规模（单位：亿元）

数据来源：《中国户外用品市场 2017 年度调查报告》。

山地户外运动是健康休闲体育产业的重要组成部分，山地户外运动具有很强的参与性、体验性，并且运动场景丰富。随着国民收入的不断提高，人们对健康休闲类产品与服务的需求也在日益攀升，其中体育消费的方式正在从传统实物型消费向参与型消费转变，习近平总书记于 2017 年 10 月 18 日在十九大报告中提出“健康中国”战略，山地户外运动必然将迎来新的发展机遇。

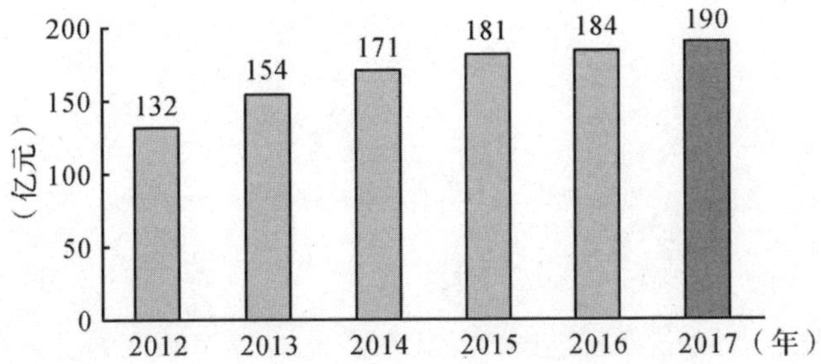

图 3-4 2012—2017 国内核心户外市场规模(单位:亿元)

数据来源:《中国户外用品市场 2017 年度调查报告》。

(四)冰雪产业成消费新宠

2017 年冰雪产业市场总规模达到了 3976 亿元,根据《2018 中国冰雪产业白皮书》统计,2013—2017 年冰雪产业的市场规模从 1177 亿元至 3976 亿元一直在逐年攀升,受冬奥会的影响,我国冰雪赛事将迎来突破性的增长,未来三年冰雪产业的市场规模仍将持续增长。截至 2017 年底,我国共有 703 家滑雪场,滑雪人次达到 1750 万人次,滑雪消费规模达到 720 亿元,占冰雪产业总规模的 18.1%,我国共有 259 块室内滑冰场,年均增长 36.8%。滑冰人次 2000 万人次左右,2017 年滑冰运动消费总规模达到 610 亿元,占冰雪产业总规模的 15.3%。如图 3-5 所示:

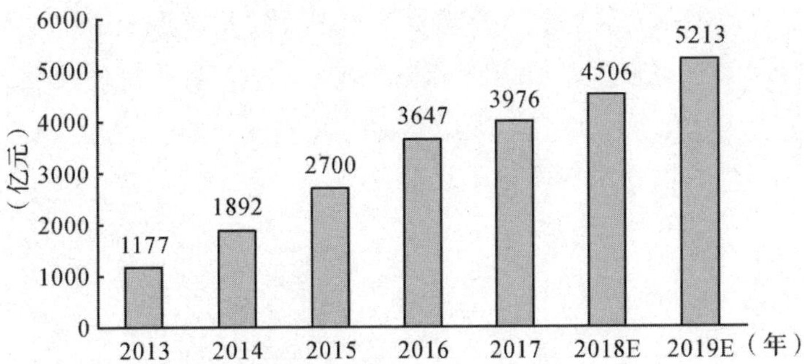

图 3-5 2013—2019 中国冰雪产业市场规模

数据来源:《2018 中国冰雪产业白皮书》。

从消费结构来看,如图 3-6 所示,在所有的冰雪消费人群中,月收入 5000—10000 元的人群占比 45.8%,超过半数的冰雪消费人群月收入在 5000 元以

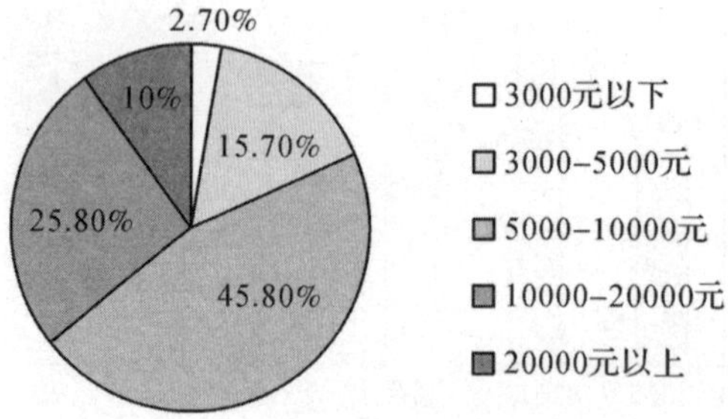

图 3-6　冰雪人群月收入分布情况

数据来源：易观 & 腾讯联合发起的《冰雪行业用户画像》。

上，这意味着冰雪产业拥有更多的中高端消费人群。

以滑雪运动为例，一年之中进行滑雪运动 10 次以上的人群占比 5%，全年人均消费在 2 万元左右；一年之中进行滑雪运动 5—10 次的人群占比 10% 左右，全年人均消费 1 万元左右；一年之中进行滑雪运动 5 次以下的初级运动者约占 85%，人均消费 3000 元左右/年。室内滑冰场馆主要分布在经济发达的长三角、珠三角、京津冀地区，滑冰场馆通常位于人流量较大的商业综合体中，其中 4—16 岁的青少年成为主要消费群体，也带动了相关培训市场的发展。

（五）水上运动项目消费规模不断扩大

2016 年 11 月，国家体育总局、国家发展改革委、水利部等九部门联合印发了《水上运动产业发展规划》，该规划给水上运动相关产业带来了新的发展机遇。规划中提出，到 2020 年，水上运动产业的总规模将达到 3000 亿元。目前水上运动的主流是：赛艇、帆船、冲浪、皮划艇、摩托艇、漂流。如图 3-7 所示：

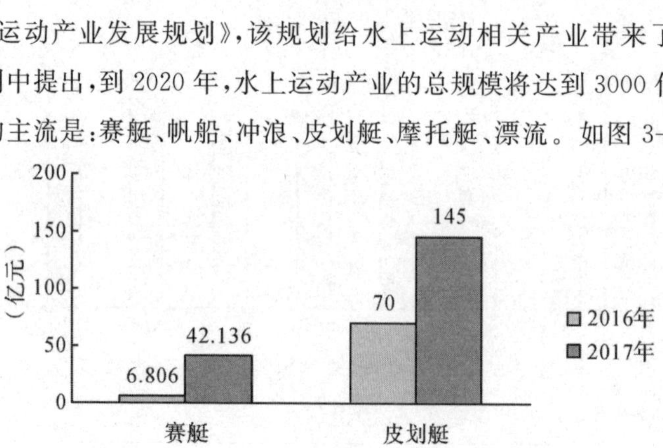

图 3-7　2016—2017 年度赛艇、皮划艇年度总产出

数据来源：《2017 年中国居民消费发展报告》。

赛艇项目在 2016 年的总产出是 6.806 亿元，2017 年的总产出升至 42.136 亿元，上涨 519.1%；皮划艇项目在 2016 年的总产出是 70 亿元，2017 年度总产出升至 145 亿元，上涨 107%，年度增加值达到 54 亿元，与 2016 年的 33 亿元相比，上涨了 63.6%，共吸引社会资本投入 40 亿元。

国家体育总局水上运动管理中心、中国滑水协会在 2015 年创办了国家 A 级精品赛事——中国滑水巡回大奖赛，现如今已成功举办三届，据《2017 年中国居民消费发展报告》统计，2017 年我国划水项目的社会投资总额在 1700 万元以上，全年赛事带动的总消费额达到 3000 万元以上。2017 年摩托艇项目共吸引社会投资总额近 1.4 亿元，全年赛事带动的总消费额达到 30 亿元以上。我国水上运动的爱好者正在逐步壮大，水上运动带动的消费也正在不断扩大其规模和范围。

(六)汽摩和航空运动消费市场规模可观

根据中国汽车摩托车运动联合会提供的数据，2017 年中汽摩联共计完成 119 场赛事，其中全国性赛事 99 场，国际性赛事 20 场；2018 年共计完成 114 场赛事，其中全国性赛事 103 场，国际性赛事 11 场。截至 2017 年底，国内汽摩运动项目全年社会投资逾 47.4 亿元(不含场地建设费用)。场地赛车项目吸引社会投资约 17.3 亿元，越野拉力项目吸引社会投资约 26.5 亿元，全地形车与摩托车项目吸引社会投资约为 9100 万元，集结赛及其他活动全年投入约 2000 万元。截至 2017 年底，共审核授牌 256 家汽车自驾运动营地，评审认证 14 家星级营地，第四届中国汽车(房车)露营大会参与 20 万人，带动综合经济收入 2.5 亿元。如图 3-8、图 3-9 所示。

以丝绸之路国际汽车拉力赛为代表的汽摩赛事成为国家“一带一路”倡议的展示平台，2017 年 7 月，国家旅游局、国家体育总局等八部门联合印发了《汽车自驾运动营地发展规划》，规划中提出要“构建汽车自驾运动营地全国网络”，自驾运动营地的大规模发展和品牌化发展将成为主趋势。

2016 年 11 月，国家体育总局、国家发展改革委等九部门联合印发了《航空运动产业发展规划》，提出“2020 年，建立航空飞行营地 2000 个、各类航空运动俱乐部 1000 家、参与航空运动消费人群达到 2000 万人，整体产业经济规

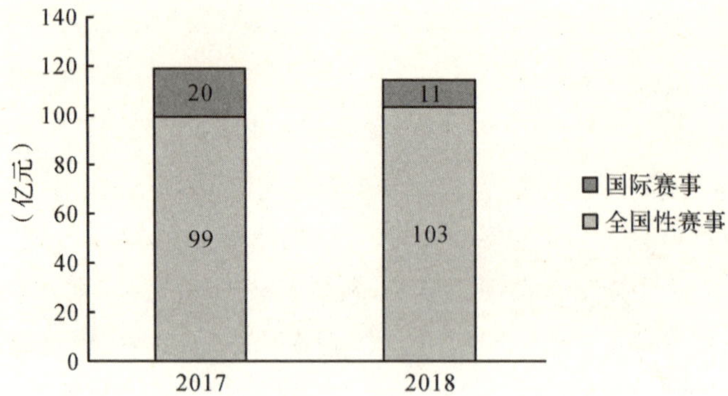

图 3-8 2016—2017 中国汽车摩托车运动联合会举办赛事统计

数据来源：中国汽车摩托车运动联合会大会资料。

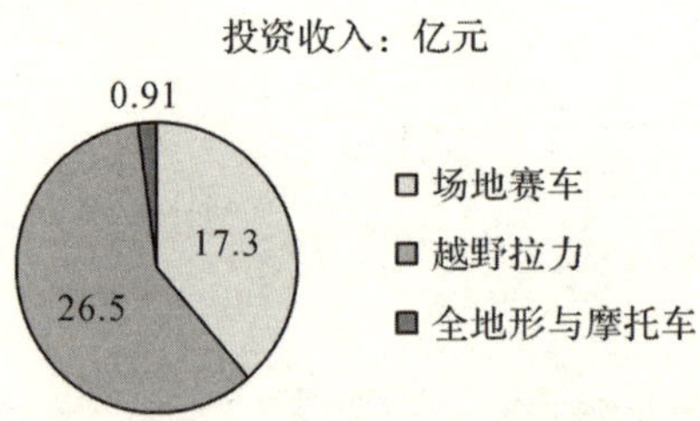

图 3-9 2017 年度场地赛车、越野拉力、全地形与摩托车吸引投资总额

数据来源：中国汽车摩托车运动联合会大会资料。

模达到 2000 亿元”的目标，由此为我国航空运动产业的发展提供了新空间。2017 年中国航空运动协会、中国定向运动协会、中国无线电运动协会、中国车辆模型运动协会和中国航海模型运动协会举办赛事 95 场。2017 年 11 月，首届国际航联世界飞行者大会成功举办，在该大会上重大项目签约额为 1450 亿元。截至 2017 年底，经中国航空运动协会命名的航空飞行营地超过 150 家，中国航空运动协会人数为 30190 人，注册会员 18045 人，2017 年新增会员 1587 人，增长率为 5.5%。这些数据预示着我国航空运动产业未来广阔的发展空间与巨大的经济发展前景。

（七）体育旅游业消费市场迎接新生

2016 年，国家旅游局、国家体育总局共同印发《关于大力发展体育旅游的指导意见》（国办发〔2016〕77 号），提出到 2020 年体育旅游总消费规模突破 1

万亿元目标。2018 年，中共中央、国务院在《关于完善促进消费体制机制进一步激发居民消费潜力的若干意见》中指出，要优化消费结构，以消费升级引领供给创新、以供给提升创造消费新增长点，完善促进体育消费的体制机制。体育旅游是体育产业与旅游产业深度融合的新型产业形态，有体育赛事游、场馆观光游以及参与式的体育旅游三大类模式。随着公众对体育、旅游的多样化需求的增加，体育旅游消费市场将迎接新生。

2018 年 11 月，全国体育旅游产业发展大会发布了《2018 年体育旅游发展报告》(以下简称《报告》)。《报告》显示，如今，冰雪旅游、路跑旅游、山地户外旅游、自驾车露营旅游、水上运动旅游正在成为拉动目的地体育旅游发展的重要引擎。2018 年 12 月，中国体育旅游博览会体育旅游精品项目发布会公布了体育旅游精品景区、线路、赛事、目的地共 40 个项目，来自全国 30 个省区市的各个体育部门共申报 969 项，其中景区 328 项、线路 129 项、赛事 393 项、目的地 119 项，覆盖范围和项目数量均创历史新高，申报数量比 2013 年的 144 项增长了近 6 倍。如表 3-1 所示，有 9 个项目获得“中国体育旅游博览会连续 3 年体育旅游精品项目”称号。

表 3-1　中国体育旅游博览会连续 3 年体育旅游精品项目

序号	单位	连续 3 年体育旅游精品项目
1	上海	碧海金沙
2	上海	东方绿洲
3	海南	海口观澜湖旅游度假区
4	湖北	神农架野人五项户外体验项目
5	安徽	徽杭古道
6	上海	上海劳力士大师赛
7	河南	郑州国际少林武术节
8	甘肃	中国・张掖祁连山国际超百公里户外挑战赛
9	青海	环青海湖国际公路自行车赛

数据来源：根据公开资料整理。

(八)体育彩票销售额再创新高

如图 3-10,中国体育彩票 2017 年销量首次突破 2000 亿元大关,共计销售 2096.92 亿元,比上年增长 11.45%,2018 年再创新高,达 2869.16 亿元,比上年同期增加 772 亿元,全年增幅达到 36.8% 。

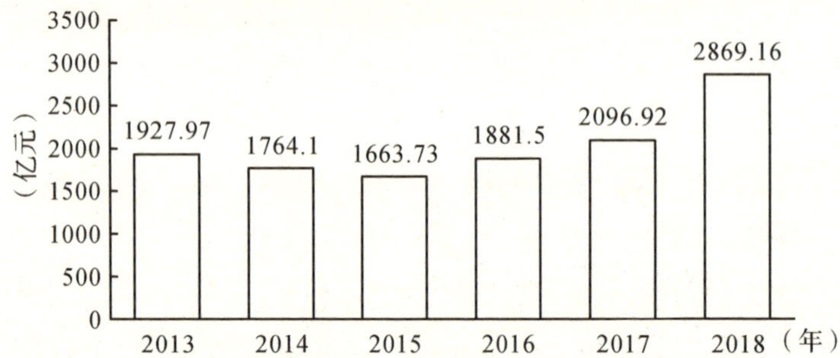

图 3-10　2013—2018 体彩销售情况

数据来源:根据公开资料整理。

2018 年取得的销售突破,一方面受益于世界杯带动竞彩销售一路高涨,另一方面得益于竞技体育的持续发展。根据国家体育总局发布的《体育彩票发展"十三五"规划》,在"十三五"期间,体育彩票发行规模还将进一步扩大。

二、体育产业投融资

按照国务院"46 号文件"中的要求,到 2025 年,中国体育产业总规模预计达到 5 万亿。从历史数据来看,2012 年我国体育产业总规模为 9532 亿元,2006 年至 2012 年实际平均年增长率为 16.11%。随着体育产业结构调整和国家政策的扶持,预计 2013 至 2020 年年增长率仍保持在 16%左右,保守预计 2021 年至 2025 年年增长率为 10%,据此可以测算出到 2025 年我国体育产业总规模为 50298 亿元。总体来看,体育产业的黄金时代正悄然到来。

根据品图智库《2018 年中国体育产业投资数据报告》，2018 上半年，中国体育产业共发生 93 起投资，投资总金额为 87.52 亿元，投资金额同比增长 106.68%，环比增长 25.56%，平均单笔投资额为 0.94 亿元，同比增幅超过 200%，占全行业平均投资额的 18.37%，最大单笔投资额来自苏宁体育 6 亿美元的 A 轮融资。相较于全行业平均投资数据，体育产业融资仍旧属于发展初期。如图 3-11 所示：

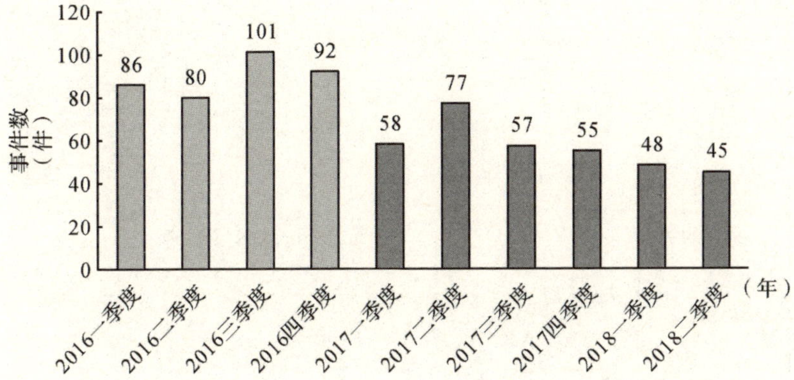

图 3-11　2016 一季度—2018 二季度中国体育行业投资事件数量

数据来源：品图智库《2018 年中国体育产业投资数据报告》。

2016 年体育行业投资事件共计 359 起，是体育产业投资的巅峰时期。2014 年“46 号文件”发布，使得体育产业投资迎来了持续 2 年的热潮。2017 年，投资热度下降，整体收紧，2018 年投资呈继续下滑趋势。这也说明投资者对于体育行业的了解正在逐步加深，投资愈加理性，2019 年将继续进入观察调整阶段。

（一）体育用品方面

2008 年前后，随着北京成功申、举办奥运会，国内体育用品企业进入了快速扩张时期，推升了体育用品公司的上市热潮，2011—2014 年，前期受到奥运赛事影响快速扩张的多数体育用品行业进入了行业寒冬，2014 年 10 月，国务院发布《关于加快发展体育产业促进体育消费的若干意见》，将全民健身上升为国家战略，自此体育用品行业再次迎来暖春，2016 年我国体育用品行业实现销售收入 1472.10 亿元，2017 年上市企业中的体育公司，营业收入位列前十的均为体育用品企业。

2018 上半年体育用品方面共计 14 起融资事件，如图 3-12 所示，融资数量在体育行业融资中占比 15.05%，融资金额共计 8.53 亿元，同比增长 1136.23%，环比增长 237.15%。分析对体育用品企业投资火热的原因，与中国经济增长、体育赛事增多、分类体育发展所带动的大众消费热潮关系密切，体育用品企业依托上市资本的优势一直在稳步实现快速发展。体育用品的市场细分越来越专业化，更多的创业企业瞄准了近些年来新兴的体育运动，如骑行、马术、垂钓等。如图 3-12 所示：

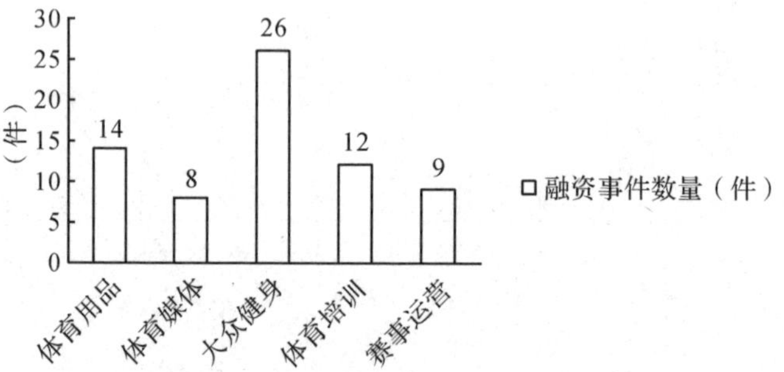

图 3-12　2018 上半年体育产业内各领域融资事件数

数据来源：思博锐体育 2018 年中国体育产业投资数据。

（二）体育媒体方面

2018 上半年涉及体育媒体领域的融资八起，融资金额共计 6.52 亿元，在体育行业融资中的占比为 7.45%。

作为体育赛事的文化衍生品，中国体育媒体的发展伊始是各类门户网站的体育板块，以赛事报道为主用以迎合体育爱好者的主体需求，互联网媒体的崛起，继而催生了体育媒体这一体育产业的重要部分。

2018 年，伴随着俄罗斯世界杯如火如荼地开展，中国的体育媒体也迎来了新的变化，5 月 22 日，中国移动旗下咪咕视频成为 2018 年俄罗斯世界杯在央视新媒体及电信传输渠道首家指定的官方合作伙伴，一举获得了本次世界杯全部 64 场直播和点播权；5 月 29 日，优酷宣布和央视达成合作，拿到了俄罗斯世界杯相关赛事的直播、点播、花絮等多项权益；7 月 11 日，苏宁宣布与咪咕公司达成战略合作，双方进行深度合作，合作涉及赛事直播、内容制作、智能硬件、大数据应用、体育设施等全产业链；7 月 19 日，阿里巴巴集团宣布，完成对苏宁体育的战略投资，与苏宁体育旗下 PP 体育联合运营优酷 PP 体育平台；8 月 6 日，爱奇艺、当代明诚旗下公司新英体育传媒双方共同宣布，将成立北京新爱体育传媒科技有限公司，新成立的公司将着力关注在线体育平台的发展建设，统一运营合并后的爱奇艺体育平台。这些事件表明中国的体育媒体正在经历着一系列的业务与股权合作，体育媒体行业正在重新洗牌。

（三）大众健身方面

在全民健身的热潮下，越来越多的人注重对自己健康和身材的管理，大众健身服务行业快速发展壮大，形成了以健身房、健身俱乐部为主体，上游是健身场馆与健身器材的提供商，下游面对大众消费者的全产业健身链条。

2018 上半年大众健身领域的融资次数达 26 起，占体育行业融资总数的四分之一，获投金额 9.27 亿元，融资金额在体育行业中占比 10.59%，平均单笔投资金额 0.36 亿元。

2018 年 3 月，健身 SaaS 技术服务商“三体云动”获得 1.1 亿元 B 轮融资，投资方为信产资本领投，原有投资人蓝驰创投和红点投资全部跟投。2018 年 11 月，健身品牌 Shape 获 5000 万元 A 轮融资，投资方为创世伙伴资本，老股东清流资本超份额跟投，Shape 成立以来共获得三笔融资，累计达上亿元人民币。2019 年 1 月，智能健身房全国连锁品牌光猪圈健身宣布完成 5100 万 A ＋轮融资，投资方为中信建投资本，老股东 1898 创投和同人博达跟投。这些企业在陆续拿到融资支持的同时，将在资金实力与用户数量方面发挥较好的壁垒优势。

（四）体育培训方面

据不完全统计，2018 年上半年共有 12 家体育培训机构获得公开融资，数量相较去年变化不大。其中，青少年篮球培训市场仍然是投资最热门的地带，融资累计过亿元，冰雪、棒球、橄榄球等小众项目也受到资本市场的青睐。2018 年 1 月，华蒙星体育获 2000 万元 A 轮融资，投资方为威创投资、希沃教育、众辉体育、乐学创投。花样滑冰高端培训机构万域芳菲同样获得了千万级的天使轮融资，投资方为波司登。2018 年 3 月，篮球培训机构 YBDL 获 5000 万元 A+轮融资，投资方为复星锐正资本，老股东达泰资本跟投。2018 年 7 月，少儿羽毛球培训公司界内体育获得千万级 Pre-A 轮融资，投资方为荣正国际、动因体育以及娱乐工场。

根据《体育发展“十三五”规划》，到 2020 年中国体育培训行业的目标是总规模接近 2000 亿元，在全国体育产业总规模中占比 1/15。随着素质教育理念日益深入，2016 年 9 月，教育部在《关于进一步推进高中阶段学校考试招生制度改革的指导意见》中，首次提出“体育成为中考必考项目”，这样的硬性要求必然促进体育培训行业的发展，特别是青少年的体育培训。目前体育人才储备不足与日益增长的体育消费需求不匹配仍然是限制体育培训行业发展所面临的主要问题。

（五）赛事运营方面

赛事运营是全体育产业的核心环节，优质的赛事运营商可以提供一场盛大的体育赛事，不仅可以为地区带来巨大的商业空间，还能产生较为深远的社会影响，近些年，许多体育赛事已经形成一种文化现象，拥有了巨大的品牌价值和较多的粉丝群体。随着中国获得越来越多的国际赛事举办权，国内观众对体育赛事的认知也在不断提升，赛事运营呈现出新的发展态势。

根据体银智库《中国体育赛事价值报告（2018—2019）》，截至 2018 年 12 月，国内共有 56 家公司着眼布局体育赛事，其中巨头公司 6 家，较上年增加了 3 家，港股上市公司 12 家，较上年增加了 4 家，A 股上市公司共 38 家，较上年增加了 18 家。可以看出上市公司借助自身优势，正在着力发展体育赛事业务。

布局体育赛事的 56 家体育公司，有 28 家公司专注于足球赛事、16 家公司专注于篮球赛事、12 家公司专注于路跑赛事、8 家公司专注于电子竞技赛事。随着大众在体育消费观念与结构上的转变,也有许多上市公司专注于冰雪、搏击、赛车、自行车、马术等相对小众的赛事。

(六)电子竞技方面

2018 年对中国电竞行业而言是大放异彩的一年。2018 年 5 月,六款电竞游戏入选亚运会表演项目,8 月,在雅加达亚运会上,中国共获得两金一银的辉煌成绩,11 月,英雄联盟 S8 全球总决赛,中国 iG 战队站到了冠军领奖台……中国电竞产业正在获得越来越多的关注。如图 3-13 所示:

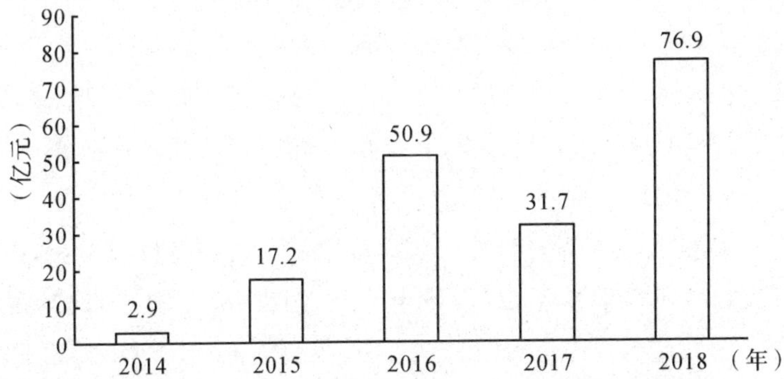

图 3-13　2014—2018 年电竞行业企业融资金额情况

数据来源:鲸准研究院《2018 年电子竞技产业报告》。

从投资角度看,随着电竞赛事受关注度的持续升温,2014 年电竞行业进入了投资潮,2016 年,投资总额度呈爆发式增长,达 50.9 亿元。2017 年投资逐渐进入冷静期,在这一年,多方资本入局电竞俱乐部,如苏宁投资 TBG 俱乐部,即现在的 SNG 战队,京东投资成立电竞运营子公司,成立 JDG 电子竞技俱乐部,B 站组建 BLG 战队,后于 2018 年 10 月正式成立电竞公司,2018 年 3 月,新浪成立了微博电子竞技俱乐部。如表 3-2 所示:

表 3-2　电竞产业融资金额排名前五

融资金额	公司名称	融资轮次	行业细分	融资时间	投资机构
39.8 亿元	斗鱼 TV	E 轮	电竞直播	2018.3	腾讯
29 亿元	虎牙 TV	B 轮	电竞直播	2018.3	腾讯

续 表

融资金额	公司名称	融资轮次	行业细分	融资时间	投资机构
15 亿元	斗鱼 TV	C 轮	电竞直播	2016.8	凤凰资本、红杉资本中国、腾讯、金仲兴投资、国中创投、深创投等
10 亿元	熊猫 TV	B 轮	电竞直播	2017.5	兴业创新资本、昌迪资本、辰海资本等
6.5 亿元	熊猫 TV	A 轮	电竞直播	2016.9	乐视云、辰海资本、奇虎 360、博派资本等

数据来源：鲸准研究院《2018 年电子竞技产业报告》。

从融资分布情况看，截至 2018 年 6 月 30 日，2018 上半年融资总额达 76.9 亿元，其中虎牙与斗鱼的大额融资高达 68 亿元，翻看历史数据，电竞产业中融资金额最大的 5 次融资均发生在直播行业，直播行业占据 67％的融资金额，其次是赛事运营与电竞场馆，其他电竞细分领域投融资差别不大，融资总额在 1 亿—5 亿元之间。

2018 年电竞行业融资总额除去腾讯 68 亿元的投资，可以看出，电竞产业投融资热度已经不及前两年，现阶段电竞产业链形态已基本形成，各细分行业内存量企业间竞争提高了行业壁垒，因此投资热度较前两年开始下降。

三、体育产业国际投资

（一）中国体育产业海外投资现状

依据“46 号文件”的表述，到 2025 年，我国体育产业总规模将超过 5 万亿元，为实现这一目标，体育产业必须大力吸收社会各界投资，进一步拓宽体育产业投融资渠道。2016 年 5 月，国家体育总局发布了《体育发展“十三五”规划》，规划中指出，要利用有实力的体育企业进行资本运作，进行跨地区、跨行业、跨所有制的兼并、重组、上市。我国对体育产业发展的重视，以及利好政策的逐渐增多，体育产业逐渐成为我国企业海外投资的新热点。

1. 投资体量不断扩大

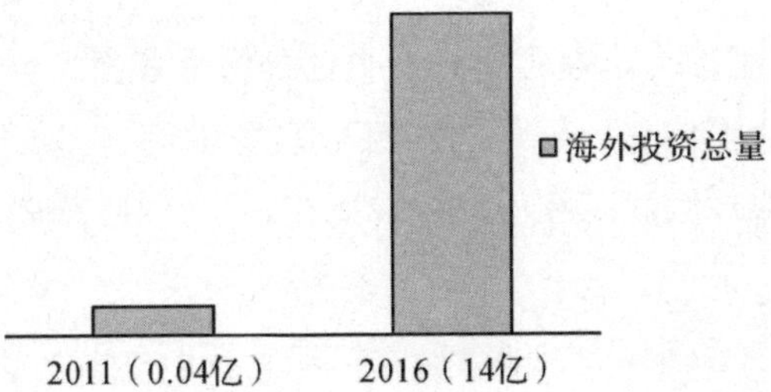

图 3-14 2011 年与 2016 年我国体育产业海外投资总量

数据来源：新浪财经统计数据。

自加入 WTO，我国体育产业海外投资条件与环境得到改善，投资规模总体呈现持续扩大的态势，图 3-14 为我国海外投资总量 2011 年与 2016 年对比图。

在体育产业发展“十三五”规划等鼓励性政策下，以及以 BAT、万达、苏宁、华人文化为代表的国内资本共同加推下，中国体育产业海外投资在 2016 年迎来了发展高峰期。截至 2016 年底，中国体育产业海外共发起 24 起投资，且有 15 起投资已明确完成。其中，2016 年 5 月 24 日，上海浸鑫投资基金斥资 10 亿美元，收购全球体育媒体公司 MP&Silva 逾 60%股权，成为当年中国体育产业海外投资规模最大的事件。2018 年 12 月，由安踏体育、方源资本、Anamered Investments 及腾讯组成的财团在芬兰宣布，对芬兰高端体育用品巨头 Amer Sports（亚玛芬）提出价值 46 亿欧元的收购邀约，收购其全部股份，这笔交易被外界视为“中国体育用品史上最大的跨国收购案”。

2. 民资巨头关注海外投资

华人文化集团董事长黎瑞刚，自 2015 年斥资 12 亿美元买下未来 5 年的中超转播权，便开始大手笔的体育产业海外投资，如中信资本出资 4 亿美元收购曼联俱乐部母公司城市足球集团，至此，华人文化掌握包括赛事版权开发、媒体运营、体育营销等多方面的国内外体育资源。

万达集团董事长王健林也将事业版图开拓到海外体育行业，2015 年 1 月，万达集团出资 4500 万欧元收购西甲马德里竞技足球俱乐部 20%的股份；同年 2 月，再次以 10.5 亿欧元收购瑞士盈方体育传媒集团，一举拿下其 68.2%的股份；2015 年 8 月，以 6.5 亿美元控股美国铁人公司。西甲马德里竞技足球俱乐部在欧洲市场所拥有的影响力以及盈方体育传媒所拥有的体育赛事市场和版权使万达集团在欧洲体育市场也占有了一席之地。

与此同时,阿里体育也在迅速拓展自己的海外版图。2015 年 12 月,阿里体育成为国际足联俱乐部世界杯的独家冠名赞助商;2016 年 1 月,阿里体育购买美国职业橄榄球大联盟在中国的转播权,并与国际拳联达成 20 年的合作协议。

苏宁体育是苏宁控股集团的重要板块之一,2016 年 6 月 28 日,苏宁集团在米兰宣布,旗下苏宁体育产业集团以约 2.7 亿欧元的总对价,通过认购新股及收购老股的方式,获得国际米兰俱乐部 68.5%的股份。

在我国体育产业的海外投资当中,传统大型民营企业一直活动频繁。2016 年以来,各行业的代表性民营企业巨头,包括阿里巴巴、暴风科技、腾讯、苏宁和乐视等,不断抢滩国际体育市场。2016 年 5 月,暴风科技收购了全球性体育媒体服务公司 MP&Silva 65%的股权,并与其签署了战略合作备忘录。2017 年 4 月,中国财团以 7.4 亿欧元,从意大利菲宁维斯特公司手中收购了意甲 AC 米兰俱乐部 99.93%的股权。至此,闻名世界足坛的 AC 米兰和国际米兰俱乐部全部落入中国资本手中。

3. 多元化的投资方向

我国海外体育投资向多元化发展,包括体育赛事、球队、球员经纪业务、足球互联网相关产品、俱乐部和版权等。2015 年 8 月,苏宁体育出资 5 亿欧元拿下西甲全媒体独家版权,且和巴萨达成合作。2015 年 11 月,复娱文化通过子公司复娱香港,以 200 万欧元股权投资核心业务为球员经纪的 START S. A 公司,成为足坛超级经纪人豪尔赫·门德斯旗下该公司的第二大股东。2016 年 10 月,奥瑞金以 700 万欧元收购了法国欧塞尔足球俱乐部 59.95%股权。同时,近年来,随着我国海外体育产业投资规模的不断扩大,投资项目类型也逐渐增多。在 2017 年 4 月,第 12 届斯迈夫全球体育产业大会上,业界对于体育产业的投资趋势达成了共识,现阶段资本方更加青睐群众参与性强的体育项目,如赛事、健身和运动等。

4. 资本并购方式占比较大

近年来,并购成为体育产业海外投资的主要方式。据新浪财经资料显示,2008—2016 年期间,我国体育产业海外投资方面,以并购方式成交的案例数量占投资案例总数的90%以上。2016年1月，星辉娱乐斥资1700.08万欧元完成对皇家西班牙人俱乐部的并购，控股56%，并承诺将增资近4500万欧元支持该球队发展，成为首家控股西甲球队的A股公司；2016年5月，上海浸鑫投资基金完成对国际顶尖体育媒体服务公司MP&Silva的并购，获取该公司65%的股权，这是中国资本又一次大型海外体育产业并购成功的案例；2016年7月，复星集团与联合睿康集团分别以5.65万亿美元、9.59万亿美元收购英冠狼队、英冠阿斯顿维拉俱乐部；2016年9月，云毅国凯完成对英超西布罗姆维奇俱乐部的并购，与英超签下三年新版权合同，与上年相比整个盈利空间上涨近40%。2016年体育产业通过资本并购成为中国企业海外投资增长最快的领域，资本并购占我国体育产业海外投资的比例较大，且发展势头良好。

（二）海外体育投资的困境

1.海外投资体系尚未形成

虽然体育产业海外投资活动频繁，但我国尚未形成专门针对体育产业的海外投资体系，体育企业的海外投资主要受制于贷款资金问题。以中欧体育收购AC米兰俱乐部为例，从2016年8月双方正式签署股权收购协议到2017年4月股权完成转移，历时8个月，主要原因在于因政策及贷款周期导致的资金短缺，因此，中欧体育分三次向韦斯特公司支付总值7.5亿欧元的投资资金。其次，我国对体育产业海外投资的金融支持力度不足，我国为企业海外投资提供资金支持有三家政策性银行：中国国家开发银行、中国进出口银行、中国农业发展银行，反观发达国家对体育产业金融扶持力度较大，例如，欧洲各国企业通过标准投标或快速投标等方式投资体育产业。再次，我国在国外设立的可进行海外投融资活动的分支部门较少，覆盖面窄，进一步增加了海外体育产业投融资的获取难度。

2.体育产业投资管理经验不足

近几年，我国海外体育产业投资活动虽然日益频繁，但总体来说，多数相关企业对海外项目缺乏投资经验，无形中增大了项目风险。海外投资成本大、周期长，我国体育企业海外投资热潮始于2014年，积累的相关经验仍然不足，投资资金管理与运营管理方面缺乏专业人才，更多的是以资本注入方式进行投资，风险极大。中国企业收购海外体育俱乐部之后，却难以在市场环境、法律、文化、社会等方面有着很大差异的国外市场站稳脚跟，从目前情况来看，并购海外体育资产之后运营成功的案例鲜少出现。对中国企业而言，完成对海外体育资产的收购后，如何实现无缝对接，充分融合，将成为一个重要的问题。

3. 海外投资政策指导有变化

国内资本对外投资的过热情绪得到了发展改革委、商务部、人民银行、外汇管理局等多部门的关注，2018 年 1 月，国家发展改革委发布了《境外投资敏感行业目录（2018 年版）》，房地产、酒店、影城、娱乐业、体育俱乐部成为需要限制企业境外投资的行业。海外体育产业的资本投资规模也在减少。2014 年起，中国资本频繁收购欧洲足球俱乐部，至 2016 年底，中资收购的海外足球俱乐部至少 20 余家。2017 年国家的监管政策趋紧，宏观上遏制非理性投资，2018 年开始，基本没有新增海外体育投资项目，且已投资项目部分被中国买家转卖。

据不完全统计，我国并购境外足球俱乐部流向海外的资本已超过 150 亿元，大手笔购买因经营不善导致亏损状态的海外足球俱乐部，企业的钱大多来自境内金融机构的贷款，一旦境外投资失误，会增加境内的金融风险。就目前投资之后的状态来看，在海外俱乐部收购热潮中不乏非理性投资，中国资本入主海外俱乐部鲜有成功的案例，资源整合与文化融合方面都存在难题。在海外投资与资本全球化配置的过程中，国家正逐步对境外投资的方向与项目进行细化与引导，在一系列强有力的政策出台之后，投资者将更加趋于理性。

四、体育产业融资风险分析

“46 号文件”将体育事业升级为体育产业，未来国家将继续大力支持体育产业的发展，这对体育产业而言是发展的春天。虽然我国体育产业起步较晚，仅有 10 余年的发展经验，但如今的体育产业已经拉动了国民健康意识的提升与消费升级，未来体育产业的持续发展需要不断的资本注入，需要警惕的是，我国体育产业的创业投资依然面临着一定的风险。

经过之前井喷式的发展，体育产业中的资本投资布局已基本形成。分析总体情况，2016 年是体育产业快速扩张的一年，接下来两年创业投资热度明显下降，可以推测对于创业者而言，进军体育产业的壁垒在提高，融资成本及融资难度亦在增加。

CVSource 统计数据显示，2017 年，国内共发起 191 起体育相关创业公司投融资和并购事件，融资金额约为 105.3 亿元；2016 年，该领域的创业公司融资有 245 起，融资金额约为 202.1 亿元；2015 年，体育类创业公司融资共计 202 起，融资金额约为 123 亿元。可见，2017 年体育产业的资本关注度降低，且较 2016 年投融资额下降了近 50%。如图 3-15 所示：

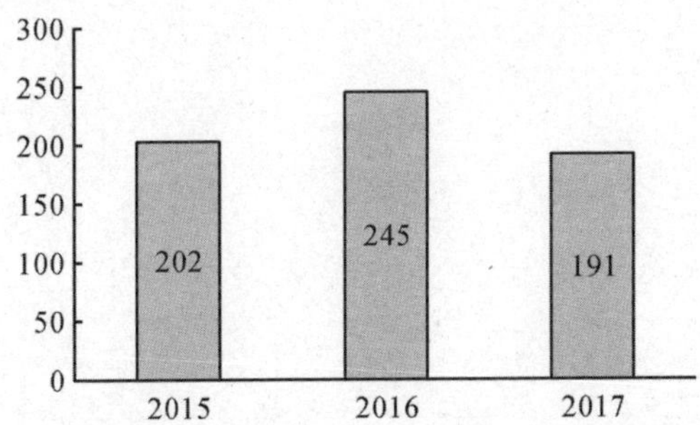

图 3-15　2015—2017 年我国体育创业公司投融资及并购案件总量

数据来源：投中数据 CVSource。

图 3-15 可清晰地看出，2016 年为体育创业公司投资峰值，2017 年创业投资热度开始冷却。据不完全统计，2018 年上半年我国体育创业公司的投融资数量 93 起，近两年体育产业投融资的节奏正在逐步放缓，投资金额与投资事件数都呈现下降趋势。

2018 年 4 月，阿里体育宣布获得 12 亿元的 A 轮融资，估值超过 80 亿元，同年 7 月，阿里巴巴集团对苏宁体育进行的战略投资宣布完成。情况并不乐观，更多的体育类小型创业公司正在经历“寒冬”，一方面体育行业的投资回报缓慢，另一方面，鉴于投资人对行业了解的不足，经营管理不善，导致失败。

从产业结构的角度看，中国体育产业有 80%以上的产值来自体育用品制造与销售，体育用品领域有四家公司已实现 IPO，该领域已比较成熟，没有任何产业资本背景的初创企业很难再争得一席之位。

除了传统制造业，众多中小创业公司瞄准了互联网体育这一板块，根据公开信息了解到，已有数十家体育初创企业关停，或转型，或被收购。从当前的互联网体育市场来看，巨头企业无论是从资金实力还是平台流量，创业平台都无法跟这些巨头相提并论。

（作者：河北传媒学院　冀　静；河北传媒学院　宋　菲）

第四章 体育传媒与营销

2014年"46号文件"将全民健身上升为国家战略，取消了商业性和群众性体育赛事的审批，其中"放宽赛事转播权限制"标志着我国赛事版权进入市场化发展阶段。对于海内外顶级体育赛事版权以及赛事转播权的大笔收购成为近几年体育产业市场的热点。

2018年，我国的体育传媒产业在国家政策利好、技术创新升级以及资本趋于冷静的背景下进入盘整期，体育传媒作为体育产业链的重要变现环节正在逐步崛起。作为体育产业与传媒产业衍生的二级市场——体育传媒市场的原有格局不断被打破、新的规则正在重建。2018年经历了平昌冬奥会、俄罗斯世界杯两个大赛，我国的体育传媒市场和体育营销市场也呈现出了新的发展态势。除了传统电视媒体以外，目前中国主流的新媒体几乎全部加入了体育阵营。体育传媒市场从单一走向多元、互补共融的局面。但是我们也应看到，2019年赛事版权成本大幅上涨，行业竞争加剧的趋势依然继续，体育传媒面临的版权变现的困境在短时间内很难突破，不断改善盈利能力是互联网体育公司面临的首要问题。2019年虽然是传统意义上的"体育小年"，但是仍然有篮球世界杯、世乒赛、苏迪曼杯等焦点赛事值得关注且具备极高的营销价值。电竞和冰雪市场将成为体育传媒与体育营销关注的热点，围绕着这两个项目的版权之争和营销大战将会持续走高。

一、体育传媒产业链

(一)体育传媒产业链架构

体育传媒公司的业务结构一般包括赛事运营、赛事转播权运营、体育咨询、体育节目制作发行及明星经纪等五种类型。由此形成的产业链涵盖赛事权益版权方、体育传媒公司、赞助商、体育明星及媒体等主体。[①] 体育传媒公司处于产业链的中游,作为中介成为联结上下游资源的平台,从获得赛事权益版权开始到最终的媒体播出,体现出较高的综合运营能力。其中,与上游关系紧密,掌控独家稀有版权及转播权的体育传媒公司对其他参与方形成强大的吸引力。相反,与中下游关系紧密,特别是积累了较多赞助商、媒体、明星资源的体育传媒公司也会在获取赛事资源上占据一定的优势。如图 4-1 所示:

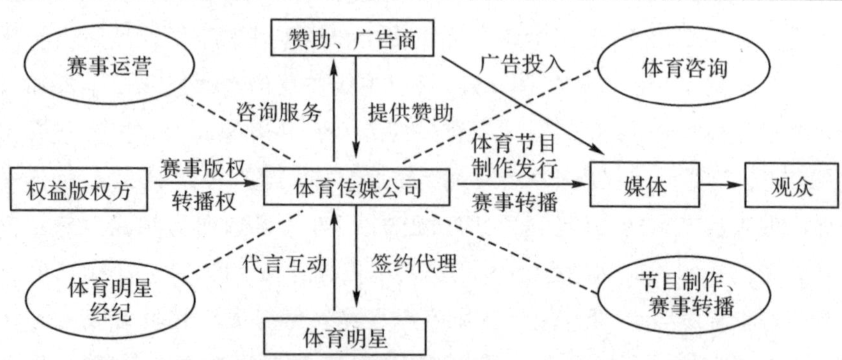

图 4-1 体育传媒产业链的基本架构

资料来源:《从全球 5 大体育传媒龙头看中国体育产业崛起》,招商证券。

体育传媒产业链主要是围绕赛事转播权以及赛事运营两项业务实现价值变现。在赛事转播权运营中,作为专业中介机构的体育传媒公司,从体育

① 引自《体育行业深度系列报告之一——从全球 5 大体育传媒龙头看中国体育产业崛起》,腾讯网,2015 年 4 月 13 日,https://new.qq.com/rain/a/20150413043963。

权益版权方通过购买或者授权的方式获得转播权，然后再以出售或分成的形式与电视台、网络媒体等媒介机构合作，媒介机构最终通过广告的方式获利。而在赛事运营中，体育营销公司首先从体育版权方购买获取版权，然后再通过赞助、冠名等全方位商业开发的模式体现其价值。

海外顶级的体育传媒公司，如盈方、IMG 等，经过长时间的市场沉淀，积累了丰富的运营经验，也形成了较为完备和高度协同的体育传媒生态链，能够为客户实现从赛事咨询与招商、赛事包装、推广等一站式专业化的服务，在整个体育产业链中的地位也相对突出。由于我国的体育产业起步较晚，资源流动不充分，体育传媒市场化程度较低，还没有形成系统的体育传媒产业链运营机制。目前大多数体育传媒公司还处于寻求产业突破口、形成核心业务的发展初期阶段，相比较定位于产业资源平台的最终目标还有很大的差距。随着中国体育产业的发展，体育传媒产业链中的参与主体也会明显增多，赛事运营、赛事转播权运营、体育咨询、体育节目制作发行，以及明星经纪等核心业务所对应的市场也将同步成长。

（二）体育传媒业态

体育传媒是体育内容包装制作、分发推广、聚集受众和商业变现的关键环节。一般来说，体育传媒公司大多经历三个发展阶段。第一阶段，行动积极，寻求产业突破口。第二阶段，形成核心体育业务，尝试横纵向延伸。第三阶段，形成体育传媒大生态的产业龙头和资源平台入口。其中，上游源头资源的开放流动是体育传媒产业生态搭建的关键，从而才能加快体育传媒公司的成长，带动其他市场主体参与的积极性。

1. 体育传媒业态的类型

我国的体育传媒业态包括以电视、广播和报刊组成的传统媒体，以及随着网络直播技术的进步以及移动设备的普及而兴起的互联网媒体。其中以央视体育频道（包括 CCTV-5 以及 CCTV-5＋）为主，北京体育频道、上海五星体育、广州体育频道，以及其他省级地方体育频道构成了电视媒体的主要格局。CCTV-5 由于具有独家赛事和转播资源、全媒体传播以及采播人才资源等优势，在行业竞争中占据绝对的主导地位。但是其播出空间的限制、节目加工的较初级操作模式也是制约其未来发展的桎梏。而除了北京及上海等发达城市以外，多数省级地方体育电视台由于转播资源及赛事资源分配不均衡的原因，而日趋衰微之势。

随着移动互联网的兴起，从技术上提供了一条跨越有线电视管理体制的新媒体渠道，以 PP 体育、腾讯体育为代表的互联网体育传媒巨头迅速崛起，从根本上改变了体育版权市场格局。大体来说，互联网媒体包括：(1)传统媒体的互联网形态，如 CCTV-5 的 CNTV 在线直播、官网及 App，《体坛周报》的“体坛＋”，地方报纸、电台的体育板块的微信公众号，以及体育媒体人的自媒体等。(2)传统门户网站体育频道，如新浪和腾讯都拥有自己的体育独立 App，搜狐和网易没有独立的体育 App，还只是依附于各自的门户新闻客户端；(3)从母体为大型视频平台中分离出来的垂直体育媒体，包括苏宁体育、腾讯体育、聚力体育、暴风体育等。此外还有虎扑、懂球帝、肆客足球以及一大批中小型创业项目。

2. 盈利模式

我国传统电视媒体收入渠道较为单一，广告是其主要的收入来源，来自版权的收入微不足道。这一点与国外传统电视媒体盈利模式成熟，用户付费订阅是其主要收入来源有极大的不同。国内主要体育电视媒体 90％以上的收入来自广告，其他很小一部分为频道赛事、活动、节目制作和增值服务等。[①]

近年来，体育传媒业态由央视一家独大，变为多元竞争合作的格局。传统电视转播已经不再是观看体育赛事的主要渠道，新媒体在体育直播市场的比重逐年上升。赛事版权市场也由于腾讯体育、苏宁体育、体奥动力等新兴媒体、跨界巨头加入竞争，而营造出新的市场态势。体育赛事 IP 是体育产业核心资源，掌握稀缺版权资源的体育传媒公司在产业链中充分发挥入口平台价值，联结上下游产业实现全面开发。相比较而言，体育数字新媒体公司有意愿、有能力采购体育版权，并借助“广告＋会员付费”模式，成为体育版权价格上涨推手。

不同于传统电视媒体的单方面的赛事呈现，互联网为体育观众提供了一

---

① 另可参见《2017 年国内体育媒体发展概述》，中国报告网，2017 年 7 月 17 日，http://market.chinabaogao.com/chuanmei/0GHX9492017.html。

个畅所欲言的交互式平台。互联网平台体育内容用户的需求，大致包括视频直播点播、相关资讯报道以及社区交流三个层次。其中以年轻用户为主的受众更注重互动和社交，他们在体育赛事观看过程中的参与诉求也越来越强烈。以腾讯体育为例，体育内容采编流程进一步深化，会以图片、文字、视频、实时直播等多种方式呈现赛事。受众的自主选择方式多元化，观众们可以选择自己喜欢的方式和比赛场次来观看赛事。看直播的同时还可以同步浏览精彩花絮、经典回放、球星数据、明星故事等相关内容。与此同时，腾讯体育几乎所有的赛事都配备了专业解说，来满足不同层次的受众需求，同时也起到强势的品牌传播作用。

（三）体育营销市场

体育营销是指以体育资源（包括体育赛事、体育协会、俱乐部、体育明星等）为载体而进行的产品推广和品牌传播。其核心是将体育活动中体现的体育文化融入企业的品牌与产品中去，实现体育文化、品牌文化与产品内涵三者的融合。[①] 体育资源的商业价值和影响力是影响体育营销效果的关键因素。

根据中商产业研究院数据统计，2018 年中国体育营销市场规模约为 271.8 亿元，比起 2017 年 219 亿元的规模上涨了 24.1%。其中品牌对俱乐部的赞助费约为 88.6 亿元，对赛事的赞助总额约为 77.5 亿元，运动员代言约为 20.1 亿元。除参与赞助的中国企业外，还有一批企业以体育经纪、版权运营等方式，切入中国正在崛起的体育产业中来，形成新的产业格局。

体育营销的关键在于体育资源的稀缺性，是否能够拿到体育赛事版权的独家资源，意味着在体育营销市场上能否占据主动地位。2018 年世界杯展示了中央电视台超强的转播实力和多屏整合能力，在收视率上也创下了历史新高，64 场比赛中近 20 场收视率均在 5%以上，决赛收视率更是达到了 9.46%。体育赛事版权市场方面，虽然近几年以优酷、爱奇艺、腾讯视频为代表的视频网站发展迅猛。但是央视拥有世界杯和奥运会独家全媒体版权，它在体育营

---

① 陈红霞：《世界杯赛场之外，中国体育营销格局悄然改变》，21 世纪经济报道，2018 年 6 月 15 日，https://baijiahao.baidu.com/s?id=1603300859253112888&wfr=spider&for=pc。

销领域的地位不可撼动。此外央视还放开新媒体分销渠道,运营商及视频平台参与分销的格局已经形成。因此,无论是赛事转播权还是赞助权,顶级体育资源决定着媒体平台和赞助商的成败。

2017—2018 年中国的体育传媒公司积极涉足体育营销领域。当代明诚成功竞标 2021—2028 年亚足联赛事全球独家商业权益项目,这项由中国公司主导国际顶级体育 IP 独家全媒体版权和商务权益开发在亚足联历史上尚属首次。

万达体育除了与国际足联的深度合作以外,在其战略布局中也涉足国际马拉松大满贯赛事、篮球世界杯、世界羽联等体育赛事,进而形成了以拥有头部 IP 为基础,同时介入体育赛事版权、体育经纪等综合性体育产业布局。苏宁体育、腾讯体育等网络新媒体则形成以运营版权视频直播为主的媒体平台。

2018 年俄罗斯世界杯大大提升了我国体育市场的中下游环节,尤其是中游版权、内容市场以及体育营销等环节。我国与美国并列为赞助商最大输出国,万达、蒙牛、VIVO、海信 4 家中国企业形成强大的中国世界杯赞助联盟。根据市场研究公司 Zenith 发布的数据,2018 年世界杯期间各国企业投入的广告费用总计达 24 亿美元(约合 154 亿元人民币),其中中国企业在本届世界杯期间的广告支出最多,达到 8.35 亿美元(约合 53.5 亿元人民币),是美国(4 亿美元)的两倍,更远高于东道主俄罗斯的 6400 万美元。①

腾讯体育的赛事营销布局包括了精英赛事、大众赛事和校园赛事,通过开拓多元化资源形态,进而打造体育营销一站式服务平台。同时通过海量赛事权益,开拓与赞助商、广告商等新的营销合作方式。通过线上线下的权益打通传播链条,不仅实现了线上品牌信息传播,而且通过线下资源与互动,使品牌与消费者更深度连接。腾讯体育还通过打造自主体育 IP"超级企鹅篮球明星赛",为品牌开拓出更多元的想象空间。由此可见,腾讯体育营销的策略就是让品牌无处不在的全场景营销策略。这种策略与腾讯的平台与流量优势,以及它对内容的把控及营销模式的革新密切相关。如图 4-2 所示:

① 《世界杯广告费用投入达到 154 亿元》,ZAKER,2018 年 6 月 12 日,http://www.myzaker.com/article/5b1f68dc77ac6435f225a096/。

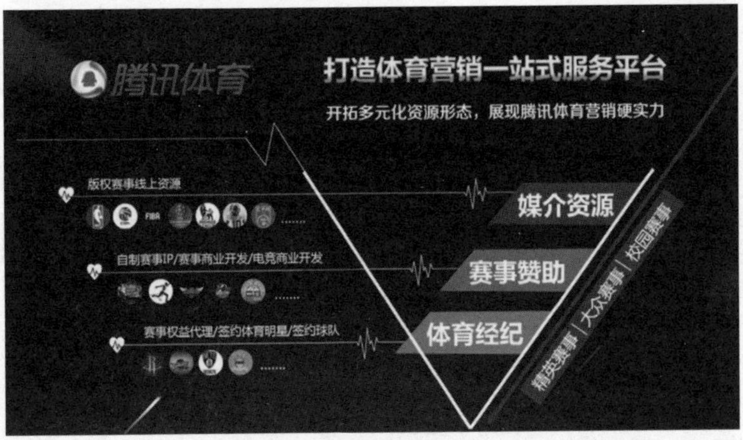

图 4-2　腾讯体育营销网络

资料来源：《一份腾讯流出 PPT，告诉你真正的体育营销该怎么做》，http://www.sohu.com/a/151927390_253934。

二、2018 年体育媒体格局

2018 年 1 月，国家体育总局联合国家统计局共同发布了《2016 年国家体育产业总规模与增加值数据公告》。据公告显示，2016 年全国体育产业总规模(总产出)达到 1.9 万亿元，增加值为 6475 亿元，占同期国内生产总值比重为 0.9%。从体育产业内部结构看，体育用品和相关产品制造的总产出和增加值最大，占国家体育产业总产出和增加值的比重分别为 62.9%和 44.2%。如表 4-1所示。整体上，体育用品相关市场仍然是我国体育产业的主要构成部分。包括体育竞赛表演在内的其他体育产业类别，总产出和增加值都处于较低水平。其中体育传媒业占国家体育产业总产出和增加值的比重仅为 0.6%和 0.7%，由此可见，目前我国体育传媒产业和体育传媒市场依然有待发展和培育。

表 4-1　2016 年国家体育产业总产出和增加值

体育产业类别名称	总量(亿元)		结构(%)	
	总产出	增加值	总产出	增加值
国家体育产业	19011.3	6474.8	100	100

续 表

体育产业类别名称	总量(亿元)		结构(%)	
	总产出	增加值	总产出	增加值
体育管理活动	287.1	143.8	1.5	2.2
体育竞赛表演活动	176.8	65.5	0.9	1.0
体育健身休闲活动	368.6	172.9	1.9	2.7
体育场馆服务	1072.1	567.6	5.6	8.8
体育中介服务	63.2	17.8	0.3	0.3
体育培训与教育	296.2	230.6	1.6	3.6
体育传媒与信息服务	110.4	44.1	0.6	0.7
其他与体育相关服务	433.0	179.7	2.3	2.8
体育用品与相关产品制造	11962.1	2863.9	62.9	44.2
体育用品及相关产品销售、贸易代理与出租	4019.6	2138.7	21.1	33.0
体育场地设施建设	222.1	50.3	1.2	0.8

注:若数据分项合计与总值不等,是由数值修约误差所致。

2017 年随着乐视体育的崩盘,中国体育新媒体市场的格局以腾讯体育与 PP 体育的二分之势而尘埃落定。然而当 2018 俄罗斯世界杯前后,体育传媒市场格局却悄然出现了变化。中国体育媒体从单一逐渐走向多元、互补共融的局面。除传统电视媒体以外,目前中国主流的新媒体几乎全部加入了体育产业市场。爱奇艺体育,PP 体育,优酷体育,腾讯体育,字节跳动(今日头条、抖音、西瓜视频),中国体育(直播 TV),咪咕视频等互联网科技公司的加入,给体育行业融入了新媒体技术,同时也大大丰富了赛事内容呈现,加快了中国体育消费市场的增长。社交媒体和数字媒体进入体育赛事版权市场,不仅仅改变了体育 IP 的媒体传播格局,甚至影响到整个体育营销产业链的布局。如表 4-2 所示:

表 4-2 2018 年数字体育媒体大事记

时间	事 件
5 月 22 日	中国移动旗下的咪咕视频,成为 2018 央视世界杯新媒体及电信传输渠道指定官方合作伙伴,获得全部 64 场央视世界杯赛事的直播和点播权

续 表

时间	事 件
5 月 29 日	优酷和央视达成合作,拿到俄罗斯世界杯赛事直播、点播、花絮等多项权益
7 月 11 日	苏宁与咪咕公司达成战略合作,双方在赛事直播、内容制作、智能硬件、大数据应用、体育设施等多领域展开全产业链合作。并联手打造咪咕－PP 体育联运平台,PP 体育的丰富赛事内容将在咪咕客户端等产品内呈现
7 月 19 日	阿里巴巴参与苏宁体育 6 亿美元的 A 轮融资,阿里旗下的优酷和苏宁旗下的 PP 体育联合运营全新的"优酷体育"频道
8 月 6 日	爱奇艺携手当代明诚旗下公司新英体育传媒成立北京新爱体育传媒科技有限公司,包括新英体育公司旗下新英体育 App、爱奇艺体育频道,新英体育 App 及新英体育网等终端名称也将正式更名为爱奇艺体育
8 月 6 日	阿里体育宣布获得中国大学生篮球联赛 CUBA 独家运营权,有效期至 2025 年 9 月

资料来源:根据网络资料整理。

自 2015 年以来,中国的数字体育媒体经历了多次的动荡。到了 2018 年下半年,各大顶级赛事版权归属基本尘埃落定,在经过一系列业务与股权合作后,中国体育媒体暂时形成了腾讯体育(T)、PP 体育－优酷体育(A)、爱奇艺体育(B)"三足鼎立"的态势,并形成了各自的资源矩阵与优势。

腾讯体育:拥有 NBA、NFL、NHL、MLB、国际篮联旗下赛事、CBA、英超、法网、温网、美网、F1、KHL、ISU 国际滑联赛事、沸雪、冰上之星与 X-Game 等赛事传播资源。可以看到,腾讯体育的资源矩阵以篮球赛事版权为核心,并向北美各大职业联赛、网球、冰雪等赛事不断延展。

PP 体育:苏宁旗下 PP 体育拥有的版权资源囊括了国内 90%的体育内容,包括中超、亚冠和欧洲顶级联赛等足球赛事版权,此外还拥有 WWE、UFC 等优质的垂直赛事版权。由此可见,足球是 PP 体育的核心竞争力所在。尤其是从 18/19 赛季开始,PP 体育将集齐欧洲五大联赛版权,由此进一步凸显自身在足球领域的优势。

爱奇艺体育:爱奇艺原有的澳网、ATP、WTA、高尔夫等赛事,新英体育原有部分赛季英超与英格兰足球联盟旗下赛事及欧洲国家联赛。当代明诚拥有 2017—2022 赛季西甲中国区独家版权,以及 2021—2028 年亚足联旗下赛事版权。

但是我们也应指出，媒体获得赛事版权只是开始，而如何通过成熟的运营模式，为受众带来优质的观赛、互动与消费体验，并最终探索出符合中国国情的赛事版权运营模式，才是体育媒体运营的关键所在。

三、体育传媒市场特点

赛事版权是体育 IP 的核心价值所在，它对受众、赞助商的行为都会产生至关重要的影响。优质赛事版权资源的获得是行业竞争力最核心的体现，如果没有足够丰富的赛事版权支撑，那么媒体平台就会无从谈起。众所周知，赛事版权代表着上游资源，取得顶级赛事版权资源意味着媒体可以有更大的运作空间，并围绕赛事向纵深业务延伸。同时伴随着媒体版权价值的提升，赛事 IP 的影响力也会逐渐扩大，进而带动赞助商和广告商等中下游市场的参与。

（一）赛事版权争夺尘埃落定

竞赛表演业是整个体育产业的核心所在，媒体版权作为赛事最大收入来源之一，更是体育产业中相当关键的一环。但从严格意义上来讲，由于竞赛表演业在我国体育产业结构中的比重较低，因此，谁拥有了顶级赛事版权资源，就意味着谁能够占据市场的主导地位。因而体育传媒市场围绕赛事版权展开的激烈争夺，成为近年来体育产业发展中的一大特色。

2015 年随着几大新媒体巨头进入体育传媒市场，版权市场硝烟四起，在经过几年激烈的版权资源争夺战后，2018 年国内各大数字媒体的资源版图已经基本确定。腾讯体育最具竞争力的赛事版权资源除了 NBA 以外，还拥有英超、欧冠、德甲、法甲、意甲、NFL、NHL、温网、法网、美网、中国排球联赛，以及包括冬奥会、NHL、KHL、ISU 国际滑联赛事、沸雪与冰上之星在内的众多冰雪赛事版权。PP 体育除了囊括欧洲五大联赛、中超、欧冠、亚足联旗下赛事等顶级足球赛事版权以外，还获得了 UFC、WWE 等搏击类赛事版权。与此同时，PP 体育在苏宁集团的支持下，与腾讯体育同为中国最大的数字体育媒体平台。

优酷体育则凭借2018年世界杯新媒体转播权，在新媒体竞争市场也占据了一席之地。据艾瑞咨询调查，世界杯期间，在所有观看比赛网络直播的观众中，优酷直播观众占21%的份额，累计超过1.8亿用户通过优酷观看比赛。与此同时，优酷移动端的日活用户也突破亿级。此外，据Quest Mobile数据显示，决赛当晚，优酷以单场超2400万的观看用户创历史新高。在7月6日晚到7月7日早晨期间，优酷成为三家主流视频平台活跃用户数最高者。

（二）版权运营初见成效

2018年以来，随着顶级赛事版权资源争夺基本告一段落，数字体育媒体开始更加重视对版权的运营。中国体育市场的主旋律开始从购买版权转移到了版权价值转换与变现。对于体育新媒体公司而言，假如不能够推陈出新，缺乏足够多的价值转换出口，不仅会造成版权资源的浪费，而且还会被巨额的资金问题所累。另一方面，IP版权方也希望在中国市场扎根，进而营造更为深远的品牌影响力，这也给体育传媒的运营者提出了新的挑战。

自从2015年成为NBA在中国独家数字媒体合作伙伴以来，腾讯体育一直将NBA作为自己版权精细化运营的试点，其取得的成果也是有目共睹的。首先，在直播技术方面，2017年11月腾讯体育启动了全新的超大全景演播室，配备了国内最好的解说阵容，为观众带来了更极致的视听体验。其次，不断探索和球迷的互动内容，在国内首次推出“NBA联盟通”服务。此外，腾讯体育还以NBA版权为基础建立了科学、合理的会员体系，最大限度地实现了用户聚集，已经成为行业内付费会员模式的标杆。2017—2018年推出的NBA Galaxy系列，通过以球星为核心主题的优质内容制作，表明腾讯体育在深度挖掘版权资源方面已经做出积极尝试。腾讯体育通过结合自己的平台特点以及产品矩阵优势，深度连接球迷和广告主，推动了版权资源的价值转化。

（三）传统媒体平台稳健发展

毋庸置疑，以央视体育频道为代表的传统电视媒体，近年来虽然受到了数字媒体的强烈冲击，但依然显示出了强大的生命力。在中国当今的媒体环境中，数字媒体要想完全取代传统媒体并不现实，央视掌握着世界杯、奥运会等世界顶级赛事的全媒体版权，在中国体育传媒市场格局中依然独占优势，体育数字媒体公司是无法与其抗衡的。例如，2017 年 11 月，央视获得了 2018—2022 年国际足联各项赛事在中国大陆地区的独家全媒体版权，协议合作赛事涵盖 2018 年俄罗斯世界杯、2022 年卡塔尔世界杯、2019 年法国女足世界杯、2021 年联合会杯以及国际足联旗下的 U 系列赛事等。

目前，电视媒体仍是大型体育赛事的主流转播渠道以及广告投放的主要平台，中国用户保持着通过电视媒体观看大型赛事的习惯。而央视所积累的人才优势以及成熟的体育节目形态，依然使其极具竞争力。

除此之外，在面临来自新媒体平台的竞争时，传统电视媒体也开始主动转变思路，希望不仅在保住传统收视优势的同时，也在数字媒体领域获得全新的发展。2017 年 12 月 12 日，上海文化广播影视集团有限公司与上海久事(集团)有限公司正式宣布建立战略合作关系，并且上海久事体育产业发展(集团)有限公司和上海久事投资管理有限公司以增资方式入股五星体育传媒有限公司，成为五星体育的第二大股东。① 双方将各自资源注入五星体育，推进体育事业和产业的快速落地和发展。

(四)自主赛事 IP 开发

近两年，互联网平台热衷打造自主赛事 IP 已蔚然成风。相较于顶级赛事 IP 资源的品牌价值及社会影响力，自创赛事 IP 不仅开发周期长，而且其影响力及品牌价值的塑造过程也不是一蹴而就的。在多元化发展的体育产业环境下，传统体育媒体的转型升级变得至关重要。自 2015 年以来，新浪体育已拥有五大自主 IP 赛事，包括获得 FIBA 认证、中国最大的 3×3 篮球赛事——3×3 黄金联赛、全国性的 5×5 足金联赛、拥有 10 个国家参赛的亚洲青少年冰球联赛、新浪跑步评选 & 跑团盛典和网络健美大赛。其中 3×3 黄金联赛开启了新浪体育赛事品牌的战略布局。

---

① 《上海文广与久事集团战略合作 联手营造体育产业生态》，搜狐网，2017 年 12 月 13 日，https://www.sohu.com/a/210240709_499982。

腾讯体育自2016年开始，结合中国体育市场的特点及自身的资源优势，通过打造优质的自制赛事与自制内容，形成了线上线下全场景融合的自主赛事IP体系。腾讯先后开发了超级企鹅篮球名人赛、地表最强12人、企鹅跑等自制赛事IP，不仅能够让用户与球星零距离接触，同时能享受到更为直观的观赛体验。第二届超级企鹅篮球名人赛的总播放量超过1.1亿，女性观众占比由第一年20%提升至31.6%。社交话题接近10亿，跨界明星的带动能力之强可见一斑。[①] 2018年腾讯体育借世界杯年的契机，推出超级企鹅足球名人赛，打造了一场线下足球盛宴。

（五）赛事报道的新媒体特征

随着移动互联网纵深的发展，PC端与移动端成为人们获取各种信息的主要方式，不仅对赛事的转播渠道产生了深刻影响，而且给赛事报道带来了很多新媒体特征。

PP体育在俄罗斯世界杯的报道战略中加入了一系列新媒体内容，并加强了与球迷间的高频互动，使球迷除了观赛外，还能全方位地参与到世界杯中。首先，针对赛事内容本身，PP体育开设了集新闻、数据、直播、图片和评论五大板块于一体的2018世界杯专属频道，保障球迷能够通过PP体育的资讯报道全面了解世界杯场上场下的内容。其次，PP体育推出了演播室球星互动访谈与多档特色自制节目，其中不仅有体育综艺节目《世界杯点将台》《足球解说大会》，脱口秀节目《世界杯相声汇》《健翔任议球》，还包括资讯类节目《世界杯早班车》《俄勒个去》和旅游类节目《洲游俄罗斯》等，特色鲜明的节目定位，满足了不同人群对内容的差异化需求。PP体育还围绕世界杯产出超过10000条球星视频及更多短视频内容，迎合年轻用户的观看习惯和社交分享行为。

需要指出的是，虽然当今处于一个数字化的媒体时代，但传统体育媒体在专业性与权威性方面的优势依然不容忽视。数字媒体必须同传统媒体实现更深入的结合，从而在体现数字媒体报道优势的同时，保障专业性与权威

---

① 《自制赛事不好做？这个IP或许带来了成功之匙》，网易号·禹唐体育，2018年6月14日，http://dy.163.com/v2/article/detail/DK9N02OS0529863P.html。

性。2018 年 5 月 25 日，PP 体育同新华社就结合各自的内容、渠道、资源和技术优势，在资讯、深度内容、直播、短视频和原创节目等方面进行深度合作，签订了战略合作协议。在世界杯期间，为了更好地展现球星场上场下的故事，PP 体育联合体坛传媒独家签约了 20 大巨星，包括 10 位现役与 10 位退役巨星，为原创优质内容制作提供了更大的空间。也正是通过与体坛传媒的合作，PP 体育拥有了俄罗斯世界杯最核心的资产之一。

（六）体育综艺蕴藏巨大潜能

目前国内体育节目的市场发展已渐趋成熟，赛事直播、赛事衍生、体育真人秀等多种节目形式百花齐放。体育＋综艺的强强联合，不仅存在着实际操作困难，而且面临着类型雷同、受众差异化的客观事实。此外，专业性和娱乐性两者的兼容也是一大难题。2016 年奥运会以来的体育综艺节目，整体上成功案例乏善可陈。2018 年俄罗斯世界杯期间，PP 体育、腾讯体育推出了一系列原创体育综艺节目，凸显了体育＋综艺的结合所蕴藏的巨大潜能。

PP 体育联合江苏卫视推出的《足球解说大会》，是一档足球＋真人养成秀的体育综艺类节目，在某种程度上来说可以称作真正意义上的体育综艺节目。PP 体育在世界杯期间推出的《世界杯大猜神》，针对足球比赛不像篮球进攻节奏快，不会每一分钟都有精彩进攻镜头的特点，通过直播答题赢奖金的娱乐方式增加了与球迷的互动，同时也弥补了球迷看球期间偶尔出现的无聊时光。《俄勒个去》更多采用真人秀的手法，始于足球，却通过户外体验美食、旅游等更受大众欢迎的内容展开，同样取得了不错的节目效果。数据显示，世界杯期间，PP 体育 App 启动用户数同比增长 27％，PP 体育视频播放量同比增长 30％，体育综艺的尝试效果显著。[①]

腾讯体育在《创造 101》《明日之子 2》等成功综艺节目所掀起的热度基础上，作为自主 IP 升级的重要组成部分，推出了篮球类综艺节目《超级企鹅联盟 Super3》，将体育竞技性与综艺娱乐性相结合，迎合了体育与娱乐两个不同圈层的受众。《超级企鹅联盟 Super3》不仅获得了超过 3 亿的播放量，而且引发

---

① 《PP 体育的世界杯：开启体综 IP 裂变之路》，禹唐体育，2018 年 7 月 18 日，http://www.ytsports.cn/news-17573.html? id＝7hz.html。

了社交媒体的热议。

腾讯体育、腾讯视频和京东联合出品的《超新星全运会》,被誉为国内首个“青春体娱跨界 IP”。《超新星全运会》首次通过直播全方位地呈现体育竞技的紧张与激烈,近 150 名新生代偶像们,跟随奥运冠军的专业指导,展示出高水平的竞技状态和竞技精神。不仅吸引了约 6200 万观众的观看,而且引爆了包括微博热搜、知乎、贴吧、豆瓣在内的社交平台。

四、体育传媒市场存在的问题

(一)版权变现困境

体育赛事版权(Sports Events Intellectual Property),即体育赛事 IP,是指获得赛事主办方许可后运营具有商业价值的优质赛事的权利。体育赛事版权主要可分为媒体转播权、商业赞助权、门票销售权和衍生品开发权四类。[①] 体育版权与体育赛事是相互依托和促进的关系。作为体育产业的核心资源,赛事版权收入是体育 IP 变现的核心手段。

从国内目前的体育传媒市场格局来看,PP 体育和腾讯体育拥有丰富的顶级赛事版权资源,爱奇艺、优酷等视频网站巨头尚未在体育版权领域大量投入。而新浪体育自从失去了 NBA 优先播放权及团队出走危机,已经逐渐远离版权争夺市场。

版权是把双刃剑。乐视体育曾经在极短时间内打造了“版权帝国”,但是由于始终没有找到版权变现的有效方式,最终由于资金危机等原因,失去了中超、亚冠、ATP、F1、环法等核心版权资源。腾讯、爱奇艺、苏宁等巨头尽管背后均有强大的资金支持,但是面对高额的版权费用,实现版权变现也绝非易事,变现盈利困难重重。如何让手中的赛事版权资源尽快变现释放价值,是诸多新媒体公司亟待解决的首要问题。

---

① 旷实、沈明辉:《体育版权行业:密集政策出台催化体育产业更新与迭代》,禹唐体育,2018 年 8 月 31 日,http://www.ytsports.cn/news-14726.html? id=70。

以目前情况来看，体育视频平台内容付费总额，远远低于购买版权所花费用。目前仅有腾讯体育凭借其在 NBA 方面成功的运营实现了盈亏平衡，爱奇艺和 PP 体育均处于亏损状态。腾讯体育虽然依靠 NBA 的运营经验为其他体育项目助力，但是相对于篮球，网球、环法等赛事观看人数相对较少，用户付费模式也不能完全照搬，腾讯体育的版权变现依然存在着极大的不确定性。

苏宁体育的版权资源囊括了国内 90％的体育内容，丰厚的版权资源让苏宁在体育传媒市场站稳了脚跟，但多而杂的赛事版权如果缺乏变现渠道，也会使其陷入经营乏力的困境。据腾讯《棱镜》透露的苏宁体育财务数据，2017 年苏宁体育媒体成本高达 20.55 亿元人民币，收入仅为 1.48 亿元人民币，全年亏损达到 19.2 亿元人民币。[①] 变现困境已然成为苏宁体育前进不可逾越的难关。

相比 PP 体育和腾讯体育，爱奇艺在版权变现方面几乎没有太多的举措。不仅缺乏对于赛事转播的相关宣传，在体育直播上也并没有开通付费模式，甚至用户想要找到直播入口都略显吃力。

（二）付费观赛基础薄弱

从根本上来说，付费观赛模式是体育产业得以持续发展的根基所在，国外顶级的体育传媒公司的商业收入，很大程度上依赖于付费用户的支持。但是在中国现有情况下，拓展付费用户人群是各大数字媒体面临的极大挑战。北京大学中国体育产业研究中心秘书长郭斌认为，版权最直接的盈利模式就是付费观看，付费观看模式在国外已经很成熟，但是照搬到国内并不可行，因为国内并不具备这样的环境，国内付费观看的习惯还没有养成，需要时间培养。[②]

在市场化的环境中，通过高额的版权成本争取的顶级赛事版权，如何尽量实现收支平衡是体育传媒产业必须要面对的话题。除了版权分销外，面向企业的广告收入以及面向受众的付费观赛收入就成为主要的收入来源。据 IAB（美国互动广告局）北美广告研究报告显示，从 2010 年开始，数字媒体的广

---

① 郭亦非：《苏宁体育拉来马云时 我们发现了他的真实家底》，腾讯财经，2018 年 7 月 20 日，https://finance.qq.com/a/20180720/037030.htm。

② 《巨头抢食乐视体育产品线 版权变现难》，网易财经，2017 年 7 月 30 日，http://money.163.com/17/0730/08/CQJ3O83E002580SI.html。

告份额就一路攀升。2016年,北美的数字广告收入就开始超过传统电视媒体,2017年时更是达到了880亿美元,而电视广告的份额则仅为701亿美元。[①] 可以看到,广告商们正在适应新的媒体环境,保障了数字媒体在B端的收入。

与此同时,来自受众的C端收入同样重要。从某种程度上来说,观众付费观赛收入占数字媒体总收入的比重越大,意味着围绕赛事版权开展的商业运营越成功。因此如何让更多球迷付费观赛,就成为摆在数字媒体面前的最大挑战之一。对于中国球迷而言,国内付费观赛基础薄弱,在有线电视时代就养成了免费观赛习惯很难轻易被改变。

此外,收费用户的拓展受到了盗播很大的阻碍。盗播不仅损害了高额购买赛事版权资源的媒体平台的利益,也给球迷不选择“独家平台”创造了看似合理的借口。根据2016年欧洲杯预选赛点播监测情况,100家网站对央视2016欧洲杯预选赛进行了盗播,侵权点播链接8118个,其中在线链接4610个,下线链接3508个,27个App在央视2016欧洲杯预选赛播出期间盗播。[②]“互联网时代是一个流量为王的时代,但侵权者在不用支出任何成本的情况下,采取极为简单的盗播盗链技术,利用权利人的版权为自己带来了巨额的流量,因此而获益,而权利人却在巨额的版权成本、维权成本的重压下不堪重负,甚至出现了侵权人主动要求司法途径解决的怪相。”[③]事实上,这对于付费观赛模式的推广与普及是一个巨大的阻碍。

五、体育传媒市场未来发展趋势

(一)扩充变现渠道,打造自有IP

体育传媒公司应该探索顶级赛事IP运营的成功模式,扩充变现渠道。一方面,填补体育平台版权赛事休赛期的播出空白,作为留住用户的一种手段;

---

① 《付费用户争取难,国内媒体面临的挑战有哪些?》,禹唐体育,2018年9月20日,http://www.sohu.com/a/255019466_115533。

② 严波:《体育赛事直播节目版权保护路径探析》,《中国版权》,2017年第5期,第25页。

③ 《付费用户争取难,国内媒体面临的挑战有哪些?》,禹唐体育,2018年9月20日,http://www.sohu.com/a/255019466_115533。

另一方面，互联网平台具有开发打造自有赛事 IP 的先天优势，通过线上精细化运营获得广告和会员收入，线下则围绕热门赛事 IP 打造本土自有赛事实现创收。近年来新浪体育举办的 3×3 篮球黄金联赛，腾讯举办的超级企鹅篮球名人赛等线下赛事都收获颇丰。体育 IP 的内容与娱乐模式相结合也正成为当下的趋势。

网上观赛现在已成为年轻一代的体育受众观看比赛的主要方式，据前瞻数据库统计，2018 年中国在线体育赛事直播用户已增至 2.2 亿，到 2019 年有望增至 2.4 亿，达到了观赛人数的六成以上。付费观赛是体育传媒行业发展的必经趋势，也是体育消费市场培养的最重要的手段之一。"版权＋付费"这个维持西方体育世界运转的逻辑，在中国的体育产业发展过程中还有很长的一段路要走。对于长期享受免费电视资源的用户来说，付费观赛的习惯需要时间培养。目前，各视频平台虽然可以依靠会员付费，以及插播广告的方式适当获取利润，但是试图借此填补巨额版权费用支出，甚至盈利，在短期内是不可能实现的。

（二）赛事 IP 精细化运营，注重观赛体验

随着体育媒体业态的不断发展，如今的体育受众已经不仅仅满足于单纯的观看比赛，而是希望能够深入地参与其中，从不同层次与球队、球员展开丰富的、近距离的互动。数字流媒体的优势正是在于它可以让用户自由切换场景，同时以一种前所未有的方式进行内容交互。流媒体服务可以通过技术和交付上的优势，让体育比赛更有吸引力。从体育内容传播的升级角度来看，"直播"和"社媒"必将成为体育传媒链条中最重要的部分之一。直播平台在近两年尤为火爆，但相比于邀请体育明星、转播体育赛事，直播更多是作为一种新的传播方式被认识。而如何真正通过这个新的传播方式去营销品牌，找到体育——直播——品牌三者之间的最佳契合点，也将成为未来体育媒体的新命题。

除了对流媒体形式的日益青睐外，体育受众最关心的还是观赛时的体验和感受。因此，从节目的策划到内容制作再到解说的精细化运营，或许会是各大体育媒体巨头未来发展的重点。如今，受众对于付费观赛模式的认可程

度正在日益提高，而让球迷成为付费会员进行观赛，正是媒体在赛事版权精细化运营中的重要环节。就付费观赛体验而言，赛事直播过程中的高清晰度、高流畅度是最基本的要求。除此之外，转播视角的更多选择，更专业强大的解说与嘉宾阵容，以及更丰富的线上线下互动参与方式，也是付费体验的重要组成部分。

（三）体育媒体垂直化和多元发展

垂直化和多元发展是体育媒体未来发展的趋势，体育媒体试图打通全产业链，向上中下游延伸，从"传播者"向"参与者"转变是体育媒体转型的大势所趋。其原因在于高价版权价值变现困难，体育媒体同质化严重，市场主体竞争激烈，需要寻找新的收入模式支持。随着客户需求的日益提高，体育媒体要更加注重为广告商提供高水准的策划服务能力，而大量资本进入体育产业市场，也赋予了新商业运作模式探索的可能性，这也是导致体育媒体转型的关键原因。

目前的体育媒体不仅仅只具备媒体传播的性质，尤其是数字体育媒体在开发赛事版权，打造自主赛事 IP 时，扮演的是媒体传播者和赛事运营者二位一体的角色。体育媒体从"传播者"向"参与者"角色的转变，不仅可以扩展自身品牌和传播优势，而且能够对赛事 IP 进行有效的深度挖掘，打通各环节的商业价值。目前国内体育行业对大数据的利用较少，体育媒体与大数据的结合，不仅可助力体育媒体将赛场信息数据化以生成深度报道，还可进行用户数据与品牌的精准匹配，从而提升其广告的有效性。

综上所述，我国的体育传媒产业随着政策利好和技术改进等诸多因素的影响，近年来市场化水平逐渐提高，尤其是新媒体平台在赛事版权、自主赛事 IP 开发、新技术运用等方面得到较大发展。目前国内顶级体育赛事的版权格局渐趋稳定，手握版权筹码的体育媒体正步入版权精细化经营阶段。技术革新为体育媒体的内容制作与分发赋予更多可能性，其中大数据在体育行业的运用将助力体育媒体内容的智能分发，AR、VR、360 度全景观赛、虚拟演播室等制播和观赛技术可以为用户带来更好的赛事观看体验，短视频分发、移动直播等技术的发展，也将成为体育媒体拓展流量入口的可行方式。但总体来说，我国体育产业改革力度依然低于预期，体育传媒市场存在着竞争主体增多、竞争激烈的态势，同时，绝大多数的新媒体公司存在着版权变现困境、盈利模式单一等不足，这将是未来体育传媒产业面临的极大危机和挑战。

（作者：河北经贸大学　亢学军）

第五章 体育产业发展趋势

从国际体育产业发展的经验来看，当一个国家的人均收入达到6500美元也就是达到中上等收入水平的时候，它的体育消费需求将会越来越大，并且推动国家经济的发展；而当人均收入达到高收入水平时，体育产业的发展将成为国家经济增长的主要来源，发展成为国家经济的支柱型产业，体育产业的增长将会进入快车道。2017年我国人均国民收入在8790美元左右，属于"高收入的发展中国家"，随着"46号文件"的下发、全民健身国家战略的贯彻实施，我国的体育产业迎来了快速发展时期，体育产业规模将进一步扩大。中商产业研究院整理的资料显示，2018年我国体育产业总规模将超过24090亿元，按照现在的发展速度预计到2022年我国体育总产值规模将超过35000亿元。

在发展过程中，体育产业结构不断升级，科技的影响越来越大，人们的需求也出现了变化，现从宏观发展、产业政策、体育消费、具体行业发展几个方面来探讨未来中国体育产业的发展趋势。

一、我国体育产业全球化趋势

（一）成为国际赛事的重要承办者

国际赛事的成功运营不仅能给承办国或者地区带来巨大商机，还为其提供了一个展示自身文化魅力的机会。世界各国在国际赛事承办资格的竞争也越来越激烈。根据2018年平昌冬奥会组织委员会公布的数据，比赛除了赞助收入、门票收入外，旅游、纪念品销售也带动了韩国整体经济发展，不仅实现了比赛的“略有盈余”，还提高了韩国在世界上的影响力和知名度。2018 年俄罗斯世界杯在所有平台上获得了超过 75 亿人次的关注，社交平台上互动超过 5.8 亿次，根据尼尔森的资料显示，2018 世界杯得到了 14.5 亿美元的赞助，门票和营销收入达到 61 亿美元。而根据俄罗斯卫星通信社 sputniknews 报道，俄罗斯从 2013 年开始筹办到正式举办世界杯之前已经获得 150 亿美元的收入，在世界杯之后的 5 年还将因此获得大约 150 亿美元的收入。

中国近些年来承办的国际赛事数量呈上升趋势，2017 年一年我国举办的国际比赛数量超过 260 项，涉及项目越来越丰富。截至 2018 年底，中国拥有国际田联路跑金标赛事 8 项，AIMS 国际马拉松和公路跑协会在中国举办了 10 场比赛。张家口在 2018—2019 年雪季将承办 5 项国际雪联 A 级赛事、8 站 PSA 亚洲单板职业联赛分站赛，张家口国际冬季铁人三项赛。广州在 2018—2019 年将迎来广州马拉松赛、羽毛球世界巡回赛总决赛、中国攀岩公开赛、广州南沙国际帆船节、世界斯诺克中国锦标赛、男篮世界杯 6 项国际赛事。上海 2018 年举办国际赛事 60 余项，涉及水上项目、极限运动、航模、健美、短道速滑、网球等众多项目。但是在争夺主办权的过程中付出的代价也越来越大，营运水平的要求也越来越高。在未来发展的过程中，这一竞争只能越来越激烈，要想赢得主办权，就越需要中国在技术创新、赛事运营等方面不断提升自己。

（二）体育产业核心要素流动全球化

1. 人员流动国际化

全球范围内，教练员、球员的跨国流动变得更为频繁。以足球职业联赛为例，欧洲五大职业联赛中，优秀外援成为各个俱乐部争抢的对象，我们所熟知的足球明星基本上都有在本国以外效力的经历。从德国人施拉普纳到带领中国队冲进世界杯的米卢，从皇马名宿卡马乔到“银狐”里皮，中国的足球赛场上，“洋教练”身影频频闪现；2019 年武汉卓尔冬训中露面的前喀麦隆国脚姆比亚，广州恒大的保利尼奥，上海上港的奥斯卡，山东鲁能的吉尔也给中国人留下深刻印象。中国不仅是世界运动员、教练员的流入地，同时，我们的优秀教练员、运动员在世界市场上也较为抢手。女排选手朱婷以排坛第一高薪 135 万欧元续约土耳其瓦基弗银行。

在今后的体育产业发展过程中，优秀资源的国际化流动会变得越来越频繁，也会变得越来越规范。重量级赛事、合理薪酬、市场前景、规范与政策支持将成为吸引国际体育要素的重要因素。而中国也会出现越来越多的洋教练和外援，国际战队将成为常态。

2. 资本流动国际化

近三年，以中欧体育、阿里集团、华人文化、万达集团、苏宁集团、铂涛集团为代表的中国十余家企业展开了对海外优质体育 IP 的收购。足球五大联赛除德甲外均有中国资本的身影。中国企业收购体育 IP 的地理版图遍及意大利、英国、美国、西班牙、法国等欧美国家，收购的 IP 多集中在足球、铁人三项、拳击领域，在具体的产业经营内容上主要涉及赛事经营管理、赛事经纪、转播权、运动员经纪等方面，投资金额巨大，民营企业成为主力。中国企业在收购项目中对经营决策权的看重，有利于中方未来体育发展过程中与国际知名 IP 展开全面合作。万达先后入股西甲马德里竞技、瑞士盈方体育传媒集团、铁人三项运营商（World Triathlon Corp，WTC）；华人文化与中信资本合作入股英超球队；互动娱乐控股西班牙人俱乐部。经过 2018 年的冷静与反思，中国资本海外体育产业领域的开疆拓土将继续有条不紊地进行。

二、我国体育产业政策趋势

中国改革开放不断深入，在新时期各级政府将产业发展重点之一逐渐转移到体育产业，纷纷制定了自己未来发展的目标。

中央及各地方政策文件的出台加速了体育产业改革开放的进程，同时也为民间资本的进入创造了良好的条件。

（一）赛事运营方面

近几年，体育总局等部门相继出台了《关于推进体育赛事审批制度改革的若干意见》和《在华举办国际体育赛事审批事项改革方案》的通知，以及《关于做好政府向社会力量购买公共文化服务工作意见》《体育发展"十三五"规划》等文件，进一步激发了国内体育赛事经营活动的热情，再加上 2022 年冬奥会、2022 年亚运会的东风，足球、网球、排球、乒乓球、马术比赛数量增长迅速，赛事价格涨势迅猛。随着资本的进入，各项赛事的运作将会越来越成熟，比赛质量也将得到提升。商业赛事权益审批的取消，中国的自主 IP 赛事将会迎来发展的春天。赛事的发展会带动整个产业的发展，引发消费需求，会产生 IP、转播收益，对于场馆运营、票务发展有较大的带动作用，同时与赛事紧密联系的旅游产业也会得到长足发展。如图 5-1 所示：

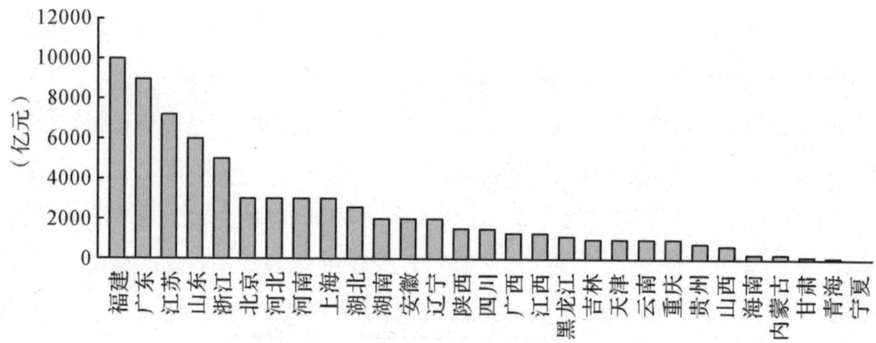

图 5-1　2025 年全国省市体育产业目标

资料来源：国家体育总局。

（二）体育场馆方面

国家体育总局和财政部联合下发了《关于推进大型体育场馆免费低收费开放的通知》，印发了关于《大型体育场馆基本公共服务规范》和《大型体育场馆经营管理总结评价体系》的通知，《体育场馆运营管理办法》，"46 号文件"中有关于创新体育场馆运营机制，推进场馆改革创新的相关政策，这些文件和政策的出台，为场馆经营指明了方向。

在部分发达国家，大型体育场馆周围往往汇聚了众多餐馆、酒店、购物场所，可以满足观赛者在观赛之余的购物、娱乐、休闲需求。我国目前的场馆大都建在较为偏远的地方，交通、休闲、购物极不方便，未来体育场馆建设和经营管理的方向在：如何提高场馆的综合利用率，如何吸引更多人走进体育场馆等商业模式与服务问题。

(三)体育与旅游产业融合方面

近几年,马拉松、自行车赛、中超等观赛、参赛人数明显增多,产生了大量的门票、交通、餐饮、住宿等消费需求,因此可以看到体育产业的带动作用十分明显,国家也十分重视体育服务业的发展。

为了促进体育产业与旅游业的融合发展,国家体育总局、国家旅游局在2016年5月份联合签署了《关于促进体育旅游融合发展的合作协议》,确定了"体育+旅游""旅游+体育"的联动发展模式,例如2018年腾格里"沙漠越野e族英雄会"的系列活动共计吸引18.99万辆车、67.63万人,汽车、摩托车、航空、攀岩、滑沙等运动项目让阿拉善盟地区火遍全国。

体育消费,包含了人们日常的体育消费,以及在旅游过程中的消费,要想促进体育消费就需要我们在产业融合发展过程中把握日常消费和旅游消费两个方面。日常体育消费引导就是要满足人们在日常生活中对于消费的需求,比如生活环境周边是否有健身场所、是否方便大家看比赛;旅游中的体育消费就需要我们找到特色,引导人们的消费,比如去内蒙古草原骑马,去东北体验滑雪,去爬山可以尝试越野或者马拉松。体育旅游不是把体育项目生搬硬套到旅游景点,而是需要将旅游景点与体育项目完美结合,体现人文景观、自然景观与体育运动的和谐融合,这需要专业策划人员和运营人员的共同努力。

三、体育消费升级趋势

(一)注重体育消费的综合服务

根据体育消费的内部结构来看,体育娱乐用品消费持续"领跑"消费升级。人们在体育消费方面,逐步从过去的"有就行",渐渐发展为"追求专业"。在鞋服购买方面,消费者越来越注重专业性,会按照不同的运动项目去选购产品,这一趋势在80后、90后成为消费主力的未来将会越来越明显。在健身消费方面，人们对于健身房的专业性、教练的专业性越来越关注，一些规模不大但是项目较为单一的健身工作室也成为消费者的一个选项。人们在从事运动的过程中对于环境的关注、服务质量的要求也越来越高，选择服务好、运动条件专业的室内场馆进行锻炼的人越来越多。如图 5-2 所示：

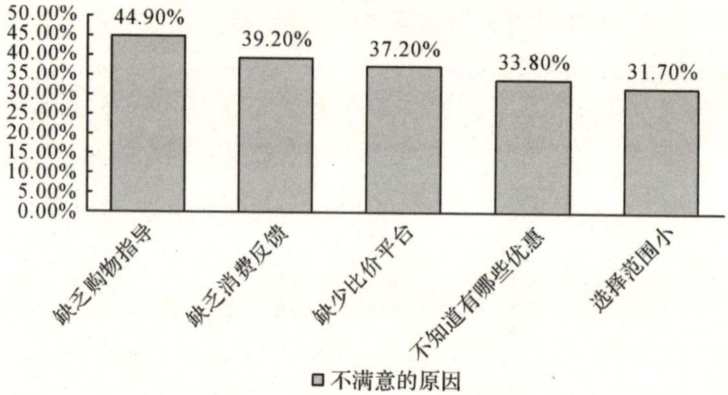

图 5-2 体育消费不满意原因调查

资料来源：艾瑞咨询《2017 年中国互联网体育服务业研究报告》。

（二）互联网体育消费

网络技术的不断发展、网民数量的剧增也使得网络成为体育产业发展的重要场所。尼尔森《2017 互联网体育消费报告》指出，我国互联网体育消费者的需求越来越多样，个性化需求越来越明显，消费品类需求越来越细。网络体育用品消费者性别变化趋势明显，女性数量在不断增长，女性体育用品搜索数量明显增多，女性的瑜伽服、游泳衣的销量增长迅速。

同时，消费者对于体育产品的需求升级也体现在对于品牌的追求上。网络最畅销的品牌包括阿迪达斯、耐克、李宁、特步、安踏。互联网体育消费者对于国际品牌的消费能力不断提升。互联网消费增长热点由一线发达城市逐渐向二、三线城市过渡，互联网消费的全民化趋势越来越鲜明。在网络上，消费者习惯于边看边消费，网络体育消费呈现出场景化消费的特点。现代人在进行运动的时候，不仅仅是为了健身，通过运动发展社交活动也成为体育消费的一大特点。人们愿意结伴锻炼，喜欢在社交平台晒出自己的运动照片，在网络上分享自己的体育消费心得，体育运动消费借助互联网同时也赋予了社交功能。互联网技术的应用改变了体育用品的销售模式和体育用品企业的分销模式,消费者可以通过互联网服务平台享受更多的体育服务。

四、体育产业行业发展趋势

(一)体育培训业

篮球、足球培训占据了培训市场的半壁江山,人们对于传统的体育项目的热衷短时期内不会减弱。根据广州运动场馆预定数量来看,羽毛球、足球、篮球、乒乓球、游泳、网球等项目较为热门,可见群众对于这些项目的消费需求还是十分旺盛的。南京市体育培训场馆的调研分析可以看到,父母青睐的孩子培训项目的前三名为乒乓球、跆拳道、棋类,大众体育项目羽毛球、游泳、篮球、轮滑、舞蹈、足球也是培训的热门。一些以击剑、攀岩、橄榄球、冰球、马术等为代表的新兴小众体育项目也受到越来越多的关注,这些项目具有独特的文化,需要较高的投入,目前属于高消费产品,在那些观念先进、勇于接受外来文化又有一定经济实力的人群中较为流行,在小范围内掀起了学习热潮。少儿体适能培训也逐渐流行起来。

体育培训市场二元化结构逐渐松动。前些年在城市以外的地方很难开拓体育培训市场,但随着城乡差距的逐渐缩小,乡镇居民收入水平不断提高,体育培训的潮流逐渐从城市向县乡扩散。随着全民健身的不断开展和人们对幸福生活的不断追求,不管是城市居民还是乡镇居民对运动健身的需要越来越强烈,体育培训市场出现一种下沉趋势。

此外,老年人退休后出于对健康和养生的需求,更倾向于参加太极、广场舞等不太激烈的运动,对于太极、广场舞的培训需求增加。随着老龄化社会的到来,这一趋势将会越来越明显。

(二)体育用品业

1. 垂直化、个性化趋势

人们参与的体育运动项目越来越多,对体育用品自然也会呈现出多样化的需求，这也说明体育市场进入了进一步细分的阶段。人们对于体育用品的专业化需求增加，体育用品市场按照运动项目、使用人群进行不断的细分，呈现出垂直化、个性化特点，其中女性市场、儿童市场需求日益增强。

户外运动作为近些年来较受欢迎的运动项目，人们对于户外用品的专业化要求增多。因为人们的收入水平、专业程度、观念、意识、性别不同，所以对于户外用品的需求呈现了具体的差异。

户外休闲用品成人市场需求旺盛但竞争激烈，细分市场中的儿童户外体育用品市场需求巨大，消费潜力将超过 10 亿元。本土品牌对于儿童户外用品依然处在初步尝试探索阶段。如图 5-3 所示：

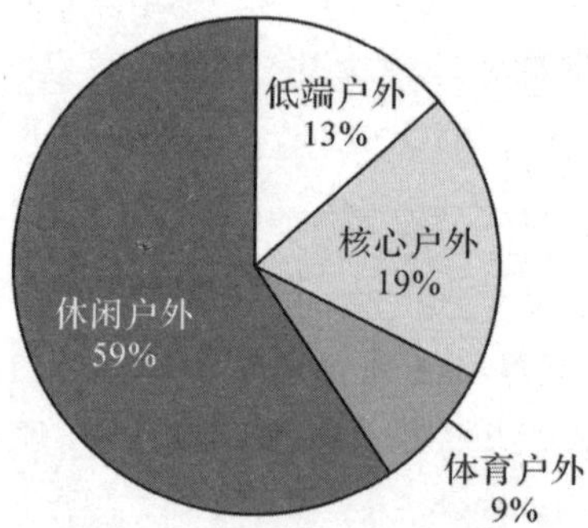

图 5-3　2017 年户外用品市场规模

资料来源：中国户外品牌联盟发布的《中国户外用品市场 2017 年度调查报告》。

2. 智能化趋势

福建省提出到 2020 年将基本建成全国最大的体育用品制造生产基地、全球知名的现代化体育和智慧体育用品制造基地，基地将实现互联网、物联网、大数据、可穿戴智能、虚拟现实、生物传感等为代表的高新技术与体育用品制造业的结合。穿戴设备的研发、AR 技术产品的开发不断提升消费者在体育消费过程中的愉悦感，为消费者提供便利、轻松的服务。除了智能化体育用品的开发，体育用品的生产也越来越智能化。机器人越来越多地出现在生产领域，生产的无人化、无污染程度也越来越高。

（三）电子竞技业

2018 年雅加达亚运会，六款游戏入选正式比赛项目，将电竞产业发展推向新的高潮。中国音数协游戏工委(GPC)、伽马数据(CNG)联合发布的《2018年中国游戏产业报告》显示,2018年中国游戏用户规模达6.26亿人,游戏市场实际销售收入达2144.4亿元,占全球游戏市场比例约为23.6%,移动游戏市场实际销售收入1339.6亿元。根据资料显示,2018年末中国上市游戏企业数量达199家,其中A股上市游戏企业151家,占75.9%;港股上市游戏企业33家,占16.6%;美股上市游戏企业15家,占7.5%。2018年游戏平台越来越注重直播内容的开发以获得更多用户,其他秀场直播平台也纷纷加大了游戏直播内容的比重。随着移动互联网终端用户的不断增加,电子竞技领域逐渐向移动端过渡。

1.移动终端用户规模逐步扩大

2017年中国有了超过百亿观赛人次的赛事,电竞用户达到2.6亿户,整体市场规模容量超过50亿元,电竞的发展势不可挡,预计到2020年中国电竞市场规模将超过200亿元。

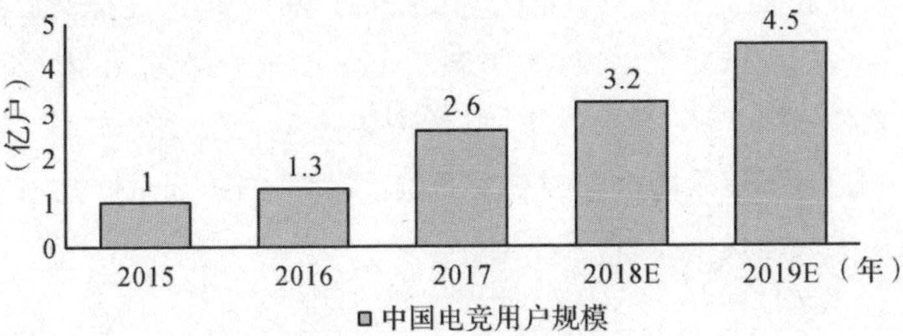

图5-4 电竞用户规模预测

资料来源:Newzoo(全球);艾瑞、腾讯大数据(中国)。

截止到2018年6月份,中国移动互联网活跃用户规模缓慢增至11亿,随着网络的普及,互联网技术的不断成熟完善,移动电竞用户的增长将越来越快。娱乐化生活态度的不断传播,也为电竞的扩张提供了便利。电竞市场规模将会越来越大,对人才、资本都充满了吸引力。

手机改变了人们的生活,给传统电竞行业带来了新的变化。中国移动电竞市场与端游市场平分秋色,移动电竞增长迅速。相较于端游,移动电竞拥有更加方便、快捷的优点,人们可以充分利用碎片化时间,随时随地进行游戏,近些年来爆红的手游产品也证明了这一点。根据iiMedia Research(艾媒咨询)相关数据整理可知,2018中国移动电竞市场规模达到449.3亿元,用户规模达到3.02亿人,移动电竞的职业联赛成为大众关注热点。

表 5-1　2018 年中国厂商主办的移动电竞比赛

<table>
<tr><th>项目分类</th><th>项目名称</th><th>主办方</th></tr>
<tr><td rowspan="2">MOBA</td><td>王者荣耀</td><td>腾讯互娱</td></tr>
<tr><td>虚荣</td><td>巨人网络</td></tr>
<tr><td rowspan="2">休闲竞技</td><td rowspan="2">球球大作战</td><td>巨人网络</td></tr>
<tr><td>阿里体育</td></tr>
<tr><td rowspan="2">FPS</td><td>穿越火线:枪战王者</td><td>CFML</td></tr>
<tr><td>全民枪战</td><td>HPL</td></tr>
<tr><td>RTS</td><td>部落冲突:皇室战争</td><td>CRL</td></tr>
</table>

资料来源:iiMedia Research(艾媒咨询)《2018—2019 中国移动电竞市场监测报告》。

2. 产品研发助力海外市场开拓

2018 年中国自主研发的游戏产品在海外获得了 95.9 亿美元的收入,中国电竞企业依靠强大的 IP 运营能力和良好的产品质量,在全球具有一定的影响力。为在全球领域开拓渠道,中国游戏企业首先与华为、小米等手机企业通过预装软件推广产品,并与脸书、谷歌商店等建立了合作关系。知名企业如腾讯、三七互娱、游族网络等游戏企业注重用户运营,通过收购或者自建方式展开海外平台建设。如图 5-5 所示:

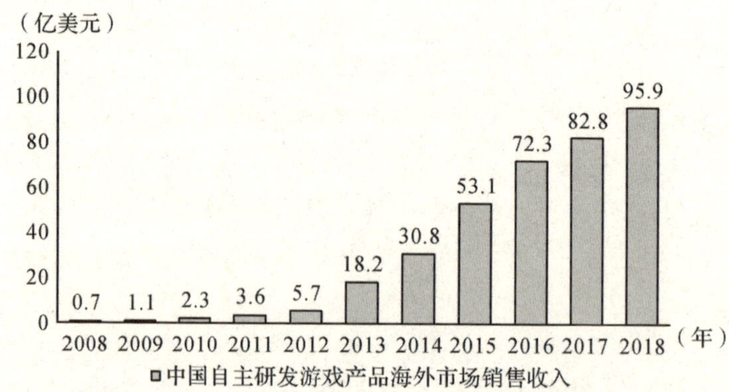

图 5-5　中国自主研发游戏产品海外市场销售收入

资料来源:中国音数协游戏工委 & 中新游戏研究《2018 年中国游戏产业报告》。

同时为了提升游戏的观感和海外竞争力,内容生产公司也越来越注重新技术的应用,除比赛之外,人们也把目光投向了游戏视频的制作开发,以丰富完善产品体系。

3. 赛事运营专业化

2018 年中国电子竞技游戏市场实际销售收入达 834.4 亿元，电竞赛事逐渐呈现出专业化、主场化、联盟化、商业化的特点。电竞比赛的曝光增多，媒体的报道愈加专业，赛事分级日益明显。电竞比赛也逐渐跟一般运动联赛一样，开始注重对粉丝的回报与关注，通过主场化的发展逐渐扩大运动本身及俱乐部的影响。赛事运营的专业化促使了规范赛制的形成，也逐渐规范了联赛利益的分配机制，版权、转播权、赞助权的管理越来越规范，同时也吸引了更多的商业主体参与到电竞比赛中。大批新鲜资本涌入电竞各个行业，改变了过去资本主要关注直播平台的局面，各个资本纷纷开始在电竞领域攻城略地。各俱乐部按照不同的电竞项目组建项目小组以提高管理效率，适当放权，既解决了选手的积极性问题又解决了项目的潜在风险，更催生了“明星战队”“明星队员”，进一步带动了俱乐部的发展。2018 年，网易开展“百城千校”泛娱乐化基础赛事，还将推出全球性电子竞技职业联赛。盛天网络则在 2018 年推出以大众电子竞技用户为中心的社群经济新电子竞技生态“战吧电子竞技”，已覆盖 300 万用户近 2 万家网吧，2019 年将联合腾讯、网易进行赛事合作。

4. 传播渠道秀场化

电竞原来主要通过直播平台进行传播，受众类型单一、范围较小，而现在电竞关注度提升，人们对电竞传播渠道要求方便快捷多样，同时各个游戏直播平台迫于生存压力也纷纷进行改革。电竞传播平台的秀场化丰富了传统渠道的传播内容和传播形式，各大直播平台传播内容的游戏化又丰富了电竞的传播渠道和平台，有利于吸引更多的受众。这样的融合发展为电竞的商业化运营带来了良性刺激。

随着电竞主场化发展，线下场馆的建设也成为一种趋势。2017 年建成的一批电竞场馆在 2018 年陆续投入运营，场馆的投入不仅推动了电竞的主场化发展，同时对于电竞生态圈的发展产生了积极作用。围绕场馆运营可以展开多种业态的运营，也提高了电竞配套产业的营收，拓展了电竞消费维度。很多地区围绕电竞地产、电竞场馆商圈建设、电竞生态圈建设方面进行了较多的探索。

电子竞技产业发展到一定阶段，玩家和消费者会把更多额外精力放到观看赛事转播，传播电子竞技文化、展开电竞消费上面来。随着 VR、AR 技术的不断应用，未来的电子竞技也许会加入更多的体力竞争，拉近与其他运动项目之间的距离。线下线上共同发展，比赛与商业价值的共同开发成为大趋势，未来将形成以游戏为核心的电竞生态系统。网易拟与研发商合作建设大型网吧观赛场所，盛天网络与《英雄联盟》合作在网吧场景内定制衍生玩法和运营策略，企业、网吧（秀场）与用户之间将形成有机的生态系统。

（四）健身产业

1.“互联网＋”模式广泛应用

我国健身行业发展速度之快，竞争之激烈，导致很多场馆都面临着会员招募、房租、人员开支等重要问题。在健身行业经营者倍感压力的同时，消费者的用户体验差、对健身行业缺乏信任，也使得健身行业从业人员在不断思考新的经营模式。随着互联网技术的不断完善与互联网的日益普及，传统会所经营模式纷纷进行创新，一种以“互联网＋”为基础的轻模式运作应运而生。乐刻、超级猩猩、光猪圈为代表的体量轻盈的瘦小会所迅猛发展。

这种“互联网＋建设＋O2O＋金融”的运作方式，解决了房租、人员管理等诸多问题，有多种形式的盈利模式，利用互联网线上教授课程和指导健身，在消费者中反响较好。

2. 标准化、场景化、共享化需求增加

现实中，很多健身教练资质并不齐全，健身服务标准不明确，部门监管不到位，人们在健身维权方面遇到诸多问题。健身行业对从业人员的资格认定需要统一标准，对于提供的服务也应该做到可量化评估，健身行业监管体系和消费者维权体系需要加速建立健全。

互联网的发展方便了人们对健身服务的获取，同时消费者也提出了增加趣味性、个性化的要求，这就需要我们开发场景化服务模式，也就是利用网络技术、虚拟技术、社交媒体为顾客尽可能地营造出适合他的锻炼场景，利用大数据、传感器让用户实现与健身内容的实时互动，而场景化的实现离不开智能化的引领。智能化的健身会所将有助于优化健身产品。智能运动系统、智能平台、信息管理系统等科技手段会不断提升健身产业的管理和服务效率，

为客户在健身运动过程中提供社交平台和互动系统，为器材厂商提供智能模块，为家庭提供智能健身器材，以提升产品附加值，获得更好的经济收益，当然投入与产出是成正比的，需要资本和技术联合介入，并做到市场调研的深入分析，方能实现健身产品的有效升级。

共享经济模式的发展使得共享健身空间商业模式横空出世。除了现在成为一种潮流的单项工作室，未来还会出现一种集聚现象的小型健身工作室。这些小型健身工作室可能会集中在某一个区域，为会员提供价格低廉、种类多样、组合多样的服务，会员就像在饭店里点餐一样，可以选择其中几项服务单独享用。这种模式发展较为灵活，既可以单打独斗，也可以汇入大型体育公司作为套餐运行。

3. 个性化 App 服务竞争激烈

运动健身类 App 的使用人数持续增长。悦动圈成为 2018 年 Q1 使用人数最多的 App。最受大家欢迎的是不受场地等条件限制的跑步运动，人们在跑步过程中也越来越注重专业运动数据的获得，期望通过根据心跳、呼吸等数据的分析来调整自己的健身方案。如图 5-6 所示：

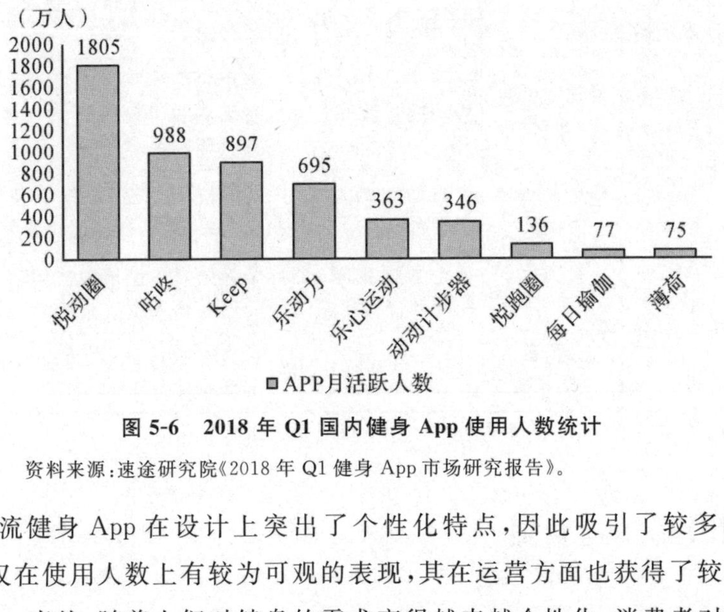

图 5-6　2018 年 Q1 国内健身 App 使用人数统计

资料来源：速途研究院《2018 年 Q1 健身 App 市场研究报告》。

主流健身 App 在设计上突出了个性化特点，因此吸引了较多的使用者，不仅在使用人数上有较为可观的表现，其在运营方面也获得了较多的资本关注。当然，随着人们对健身的需求变得越来越个性化，消费者对于 App 的功能需求也越来越细化，未来 App 产品的设计将进一步体现出市场细分的特点，资本的大量涌入也将增加健身 App 市场的竞争。如图 5-7、表 5-2 所示：

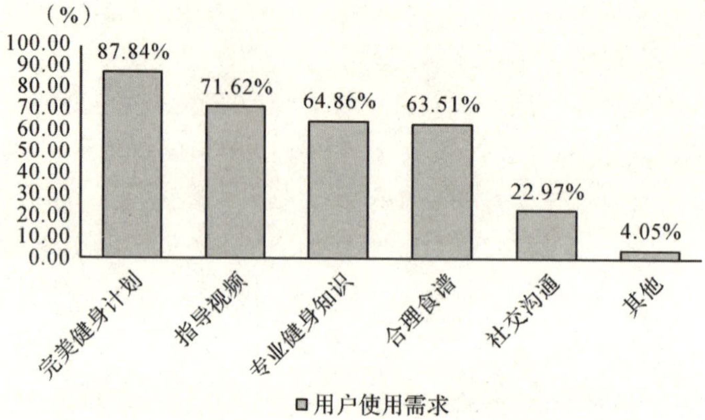

图 5-7 2018 年 Q1 健身 App 功能需求统计

资料来源：速途研究院《2018 年 Q1 健身 App 市场研究报告》。

表 5-2 主要健身 App 概况

品牌	分类	最近融资	产品定位	功能特点
悦动圈	运动记录类	C 轮 1 亿元	工具＋社交＋电商	游戏化运营策略，提供多种运动游戏玩法
Keep	健身教学类	腾讯 C＋轮战略融资	移动健身教练	为用户提供便捷高效的运动体验，实现从线上到线下的完整运动服务闭环
咕咚	运动记录类	C＋轮 2000 万美元	全球最大的运动社交平台	咚圈群组交流、全程语音提示、社交网络分享、智能配件支持
乐动力	运动记录类	被阿里体育并购	运动数据记录工具和移动健身工具	全天候自动记录用户运动行为，自动生成每天生活轨迹
薄荷	减肥计划类	B 轮数千万美元	减肥社区＋线下食品	垂直减肥社区，女性为主，售卖低卡食品

资料来源：速途研究院《2018 年 Q1 健身 App 市场研究报告》。

（五）场馆运营业

在体育场馆经营权问题上如果不能加大改革力度，将会阻碍体育产业的发展。为了保证场馆的国家所有性质不变又能盘活场馆，可以采取剥离经营权的方式，在经营上可以引入社会资本和社会力量。

全民健身上升为国家战略，极大地促进了全民健身运动的发展，但是全民健身场所较为匮乏，我国目前人均体育场地面积只有1.57平方米，远远落后于美国的16平方米、日本的19平方米，已建成的场地多数较为简陋。由于城市空间的限制，未来的全民健身场所将提高空间使用效率，利用城市闲置空间、碎片空间兴建中小型多功能健身场所。对于新建小区，将对其公众健身场所的面积有所要求，配置健身会所也会成为房地产项目的重要指标。同时15分钟健身圈也将是未来建设的重点。简易健身房、移动健身房等一些投入较少、较为灵活、功能较为丰富的健身空间将不断增多。

（六）体育产业商业模式

1. S2B2C商业模式

在2018年整体经济形势较为严峻的状态下，派队体育逆势上扬，搭建体育产业的S2B2C模式，在不到一年的时间里面将大众业余赛事作为自己的主攻对象，为国内1000多家赛事机构、5000多场赛事提供了专业服务，业务范围覆盖中国20多个省市自治区直辖市。该模式以互联网为基础，以综合服务为核心，通过搭建基于Services链的平台服务于B端赛事机构，帮助B端机构更专业地服务于其用户。

派队体育围绕大众赛事通过产品架构形成一个平台级架构，派队App和基于SaaS架构的派队管家这两个产品已经实现了端到端的打通，根据不同的客户需求可以为客户做系统级定制开发。为了完善服务，派队体育不仅推出了针对赛事机构的标准化会员服务，还在努力尝试通过各地区的体育总会推出赛事管理定制服务。这样一来不仅整合了全国的体育资源，同时也可以实现规模效应，为公司展开保险、招商等增值服务提供了保证。为了进一步服务于赞助商和赛事机构，派队体育还在研发平台级App产品，打通大众赛事和赞助商之间的通道，以期解决大众赛事赞助难问题。

2.“体育＋”商业模式

“体育＋”模式，是将旅游、休闲、健身、健康、养老等产业与体育融合发展。运动休闲产业市场巨大，大众参与性和可操作性强，比如将废弃厂房、大型体育场馆改造成体育综合体，将县乡公路与景点结合打造成骑行、跑步等体育综合体，让体育产业和旅游产业共同发展。将体育赛事、体育活动与旅游产业、表演产业、培训产业结合，打造体育全产业链发展。

例如，2018 年 10 月湖南罗以体育经纪有限公司与湖南时光私享文化传媒有限公司就推广“神钓杯”全国休闲垂钓大奖赛湖南赛区岳阳地区赛事达成协作，发挥各自优势，利用体育产业发展的利好时机走融合发展之路。罗以体育在垂钓产业卓有建树，而时光私享则在文化旅游项目开发推广上享有优势，以垂钓为纽带，借力农业农村部“四个一”创建工程的契机，探索“赛事＋旅游”商业模式，利用体育产业帮助赛事承办地区快速发展现代休闲渔业。

3. STIIP 工程

体育培训、孵化、投融资项目（Sports Training Incubation Investment Project，STIIP），由国家游泳中心水立方指导，新浪体育、亚设体育共同倡导的，以建成覆盖体育产业全产业链创新型发展平台为目的，打通品牌创新、企业创新与体育人才培养、资本运作之间的通道，利用新浪体育和亚设体育在体育产业方面的优势和其平台资源、媒体资源，与投资机构联合培训、筛选、孵化国内优质体育 IP 项目，面向全体育产业生态链条，期望打造出包含企业孵化、知识传递和人才教育培养的综合体。培训方面注重实战，以冬奥会为契机，利用互联网技术覆盖整个体育产业生态系统。

为了保证项目顺利进行，STIIP 将组建包括国内外政府及协会组织专家、奥运项目及场馆负责人、高校导师和行业 KOL、投资机构精英、体育明星，以及著名品牌企业和体育公司高管在内的人才资源库。同时还将与国内其他体育产业平台如“冬奥会”“亚运会”“博览会”相结合，举办体育产业沙龙、调研、交流等活动。

4.“空间＋内容”模式

所谓“空间”，是物理意义上的，也就是体育设施等的建造，“内容”也就是我们常说的体育 IP，包括围绕比赛展开的各类运动、培训、娱乐、消费等内容的运营。以莱茵达体育发展股份有限公司为例，体育小镇与城市体育服务综合体、全民健身俱乐部就是莱茵达体育的“空间”，通过经营体育场馆、完善商业服务和周边配套来获取更多的企业利润和收益。莱茵达体育小镇会根据当地的特色，将旅游休闲和有市场前途的体育项目结合，比如公司已经发展的足球小镇、高尔夫小镇、冰雪小镇等，以 1—2 项运动项目为主，将体育和教育、旅游、制造、文化、金融、人居等产业融合发展，打造“体育＋”综合平台。桐庐国际足球小镇、萧山“律动浦阳”小镇、成都葛仙山运动休闲小镇、义乌足球教育小镇四大特色小镇是公司已经建设的粗具成效的案例。公司运营的内容项目主要涉及家庭健身、女足、马拉松、冰壶等，这些运动项目不仅可以在小镇举办大量比赛，同时也可以将赛事表演、赛事活动、培训引入特色小镇，丰富小镇这个空间的活动和服务项目。

（七）体育产业创业投资

2018 年 VC/PE 市场整体表现较为低迷，但是体育产业融资行为较为活跃。根据品途智库相关资料整理可知，体育产业 2018 年 H1 投融资活动中，平均每一笔融资金额约为 0.94 亿，为全行业平均金额的 18.37％，93 起投融资活动中共获得了 87.52 亿，约占全行业投资总额的 0.96％、全行业投资事件的 2.60％，创业融资中首轮融资占比 46％，投资日趋理性，投资行业越来越细，带来了更多的创业机会和更多的投资领域。

首先，传统投资多倾向于观赏性运动，而未来可参与性运动投资需求明显。这一趋势在体育用品投资中可见一斑。2018 年 H1 体育用品融资发生 14 起，占体育行业融资活动的 15.05％，金额超过 8.5 亿元占整个体育行业融资金额的 9.75％，平均每一笔融资超过 0.6 亿元，融资主要围绕马术、垂钓、高尔夫、骑行等新兴运动展开，未来潜水、攀岩、滑雪、赛车等项目投资将会成为主要方向。

其次，大资本扰动市场，“体育＋”项目备受青睐。2018 年资管新政后投融资市场整体较为低迷，资本在不断寻找新的出口，体育产业成为资本大鳄的新宠，投资领域竞争也越来越激烈。信中利资本、动域资本和华人文化产业投资基金、曜为资本、健盛体育专项基金、阿里体育、北京新爱体育传媒有限公司纷纷加入体育产业资本战局。“体育＋”跨界项目受到人们的追捧，“体育＋游戏”“体育＋地产”“体育＋旅游”及“体育＋娱乐”等跨界发展方兴未艾，体育产业逐渐走向融合发展阶段。

再次，投资方向将从产品转向体育 IP，注重体育生态系统的战略构建。

以体育媒体为例,如何将流量和用户变现是大家最为关注的问题。国内体育媒体发展离不开门户网站,大多是其中的一个栏目或者是一个子网站,专业项目的体育论坛、贴吧及视频平台也是其发展的温床。懂球帝、虎扑发展较为突出,展开了多种变现尝试,网络视频平台优酷在 2018 年转播世界杯。商业模式的创新、变现渠道的探索是未来体育投资的主要方向,人们将更关注于体育产业上下游之间的完善与建设,单纯的财务投资将会被越来越多的战略布局投资、完善生态布局投资所代替。

(作者:河北传媒学院　范玉陶;河北传媒学院　宋　菲)

第六章　足球产业体制

体育产业已经成为经济发达国家最重要的娱乐门类之一，也是文化产业中规模最大的一种产业。足球，是全球体育界最具影响力的单项体育运动，有“世界第一运动”的美誉。德勤会计师事务所的一项调查显示，足球产业是世界第17大经济体，其年生产总值达5000亿美元。借助这种全球影响力，国际足联也成为最富有、最有权势的国际体育组织。认真对待和努力把握体育产业特别是足球产业所蕴藏的巨大商机和巨额利润，是21世纪最有活力和前景广阔的产业之一，也是当今全球经济中发展最快的产业之一。

本章主要介绍国际足联体制，了解国际足联代表大会、执行委员会、秘书处的职责，熟悉国际足联会员和对球员的管理，进而认识到国际足联发起的体制改革；后奥运时代的体育产业开启了中国以“球时代”为核心的体育产业新时代，对中国的体育强国梦和中国足球发展的时间表、路线图进行了解；对地方足球产业政策、典型新兴企业进行介绍；足球商业模式和风险分析，新一轮政策引导下的足球产业将迸发出极大的活力，足球培训、足球装备、球场材料供应商等等都在为之躁动，但要做好体育产业特别是足球产业，需要资金、平台，更需要专业思维和战略眼光。

一、国际足联体制

国际足球协会联合会(FIFA)，简称国际足联，于1904年5月21日在法国巴黎正式成立。5月23日，国际足联召开第一届全体代表大会，成立了国际足球理事会，法国的罗伯特·盖林被推选为第一任主席。国际足联的成立，标志着现代足球运动的发展进入了一个崭新的阶段。

当下，国际足联是依据瑞士民法第六十条在商业登记处登记成立的协会组织，总部位于瑞士的苏黎世。国际足联本着足球运动的团结、教育、文化和人道主义价值理念，在“促进国际足球运动的开展，发展各国足球协会之间的友好联系”的宗旨下，组织自己的职能机构。

（一）国际足联的体制机制

1. 代表大会

代表大会是国际足联的立法机构和最高权力机构，包括代表大会和特别代表大会。国际足联代表大会每年召开一次，每个正式会员在大会上有一票表决权，选举采用无记名投票方法。只有重大事件如修改章程和规则、选举国际足联主席等才会召开代表大会表决，代表大会闭会期间，由 25 人组成的执行委员会行使管理权。执委会可根据需要召集国际足联特别代表大会。特别代表大会创建于 1904 年，与国际足联一年一度的代表大会不同的是，特别代表大会主要讨论的是非常规的、重大的议题。在国际足联五分之一的会员协会的书面要求下，执委会可在收到要求后的三个月内召开特别代表大会，召开特别代表大会的书面要求应明确会议议程。各会员协会应在大会开始至少两个月前收到会议日期、地点和议程的通知。特别代表大会的议程不得更改。

2. 执行委员会

国际足联执行委员会负责国际足联的行政管理，是日常工作的领导机构，由国际足联领导成员和各大洲足联的代表组成。该机构设主席 1 人、副主席 8 人、执委 15 人、秘书长 1 人，共 25 人。国际足联下设有：财务委员会、世界杯组委会、联合会杯组委会、奥运会足球赛组委会、国际足联青年比赛委员会、室内足球委员会、女子足球委员会、裁判委员会、技术委员会、运动医务委员会、运动员身份委员会、法律事务委员会、安全与公正竞赛委员会、媒体委员会、礼仪委员会等 15 个专门委员会。执委会选派下属工作委员会的主席和成员，选定世界杯足球赛举办国。

3. 秘书处

秘书处是国际足联的行政机构。国际足联实行秘书长负责制，秘书长是新闻和裁判两个组织的领导人。秘书处下设三个部：技术部、财务部和促进部。技术部负责发展规划和培训班的组织工作，负责大比赛的技术调研工作；财务部负责财会和办公室工作；促进部管理同经济伙伴的联系，特别是同比赛和发展规划有关的资助者的联系和交往。秘书处还编发国际足联新闻、国际足联杂志、规则、教练员手册、比赛技术报告等。国际足联的正式刊物是《足联新闻》，每月一期。

（二）会员与球员的管理

1. 会员管理

国际足联会员由代表大会决定是否批准、暂停或开除一个会员的会员资格。任何在其国家负责组织和监督各种形式的足球运动组织都可以成为国际足联的会员，其中的“国家”是指国际社会承认的独立政体。申请国际足联会员资格的协会必须首先是某个洲际足联两年以上的临时会员；申请会员资格的协会必须向国际足联秘书处递交书面申请；申请协会应向代表大会陈述申请批准入会的理由；代表大会应执委会要求对协会的申请做出批准或不批准的决定。一旦经代表大会批准，新的会员协会将马上取得会员的权利，包括选举和被选举的权利。

协会会员在享有国际足联章程规定权利的同时，必须履行章程规定的义务。任何会员协会违反会员义务将会受到制裁，制裁包括代表大会暂停会员资格、开除会员会籍和会员退会等。

2. 球员管理

球员是指各足协注册的足球运动员。足球运动员个人的管理是：国际足联章程相关规定，为促进各会员间、各足联间、各俱乐部间、官员和球员间的友好关系，所有参与足球运动的个人和组织都应遵守章程、规则和公平竞赛原则；执委会应通过特别的规定来管理球员身份和球员转会及有关问题，特别是鼓励俱乐部对球员的培养，保护代表队的利益。

（三）国际足联发起体制改革

1. 国际足联负责的主要比赛

世界杯足球赛、世界青年足球锦标赛、奥运会足球赛、17 岁以下世界锦标赛、五人足球世界锦标赛、女子足球世界杯、女子足球 U20 世界杯、女子足球 U17 世界杯、国际足联俱乐部世界杯、国际足联沙滩足球世界杯等。

2. 国际足联发起体制改革根除腐败

国际足联的管理采用一种现代企业管理方法，它除了负责赛事，还负责会议、培训和讲学组织。2015 年 5 月，第 65 届国际足联大会将在总部苏黎世召开时，国际足联数名高级官员在瑞士被捕，国际足联巨额贿选事件因此开始浮出水面。据南非媒体 6 月 7 日报道：一封 2007 年的邮件表明，前国际足联主席布拉特和南非前总统塔博·姆贝基讨论过有关“1000 万美元”的问题。这“1000 万美元”被美国司法机关认为涉嫌用于贿赂国际足联执委，以换取他们对南非申办 2010 年世界杯赛的支持。受此事影响，在 2015 年 5 月的国际足联大选中，虽然四次连任的国际足联主席布拉特击败阿里王子获得了第五届任期，但同年 6 月 3 日国际足联就召开发布会，在新闻发布会上宣布：四次连任的国际足联主席布拉特宣布将辞去主席职务。

为打击腐败，国际足联将废止要求申办国家资助海外足球事业的规则。“那条规则是一切问题的根源，”一名接近国际足联的人士表示，“相关国家将盘算出自己在哪里能得到最多的选票，然后将资金投向那里，比如在特立尼达和多巴哥出资建设又一个球场，因为那使他们得到他们需要的选票。”过去，世界杯主办国是由国际足联执行委员会秘密选定的。下一届世界杯的主办国将由国际足联代表大会的 209 名成员公开投票选出，而且每一张选票都将公开。① 还有其他关键改革建议仍在进行中。同时，美国和瑞士司法部门都已宣布将对 2022 年世界杯申办过程展开调查。

① 《FIFA 反腐风暴　横扫拉丁美洲》，《西安晚报》，2015 年 7 月 22 日，http://news.ifeng.com/a/20150722/44218479_0.shtml。

二、中国足球规划与政策

2008年北京奥运会是中国体育产业发展的重要转折点，后奥运时代的体育产业开启了中国以“球时代”为核心的体育产业新时代。2015年3月16日，国务院办公厅印发《中国足球改革发展总体方案》把发展足球运动纳入经济社会发展规划；2016年4月11日，国家发展和改革委印发《中国足球中长期发展规划（2016—2050年）》，中国足球发展迎来了更明确的时间表和更清晰的路线图。可见，振兴足球是人民群众的热切期盼，更是建设体育强国的必然要求。

（一）明确体育强国梦的主要目标

国家主席习近平2017年6月14日在人民大会堂会见国际足联主席因凡蒂诺时指出：“建设体育大国和体育强国，是中国人民实现‘两个一百年’奋斗目标的重要组成部分。”振兴足球是提升中国体育大国形象、实现体育强国梦的实际行动。国家把发展足球运动纳入经济社会发展规划，提出实行“三步走”战略。

1. 近期目标

改善足球发展的环境和氛围，理顺足球管理体制，制定足球中长期发展规划，创新中国特色足球管理模式，形成足球事业与足球产业协调发展的格局。在近期阶段（2016—2020年）的具体目标是，全国特色足球学校将达到2万所，中小学生经常参加足球运动人数超过3000万，全社会经常参加足球运动人数超过5000万，全国足球场地数量超过7万块，每万人拥有0.5—0.7块足球场地。[①]

① 《中国足球中长期发展规划出台 用34年圆中国足球梦》，《京华时报》，2016年4月12日，http://news.sohu.com/20160412/n443916487.shtml。

2. 中期目标

青少年足球人口大幅增加，中期阶段（2021—2030 年）将实现，每万人拥有 1 块足球场地，职业联赛组织和竞赛水平达到亚洲一流，国家男足跻身亚洲前列，女足重返世界一流强队行列，体育大国形象得到进一步提升。①

3. 远期目标

中国足球实现全面发展，足球成为群众普遍参与的体育运动，全社会形成健康的足球文化；职业联赛组织进入世界先进行列，竞赛水平达到世界先进水平；积极申办国际足联男足世界杯；国家男足国际竞争力显著提升，进入世界强队行列。到 2031—2050 年阶段，全力实现足球一流强国的目标，中国足球实现全面发展，共圆中华儿女的足球梦想，为世界足球运动做出应有贡献。② 此外，还明确了管理体制和运行机制改革、校园足球、足球场地、专业人才培养等方面的发展目标。

（二）强化足协的职能定位，健全协会管理体系

按照政社分开、权责明确、依法自治的原则调整组建中国足球协会，改变中国足球协会与国家体育总局足球运动管理中心两块牌子、一套人马的组织构架。足协与国家体育总局脱钩后，在内部机构设置、工作计划制定、财务和薪酬管理、人事管理、国际专业交流等方面拥有自主权；足协作为全国足球运动领域的社团法人，也是参加国际足球组织的唯一合法机构，将联系全国足球力量，推广足球运动，培养足球人才，制定行业标准，发展完善职业联赛体系，建设管理国家足球队等。同时要求地方、行业足球协会参照中国足球协会管理体制调整组建，以会员名义加入国家足协，接受国家足协的指导和管理。③

---

① 《发改委：中国足球最晚 2050 年跻身世界一流》，新浪网，2016 年 4 月 12 日，http://news.sina.com.cn/o/2016-04-12/doc-ifxrcuyk2702547.shtml。

② 《中国足协发文：2031—2050 年实现足球一流强国》，5 哥看球公众号，2016 年 4 月 11 日，https://mp.weixin.qq.com/s?_biz=MzAwMTEyMjQxMA%3D%3D&idx=2&mid=2650906872&sn=d19b957c99782fe82c0e01bc87574f0a。

③ 《中国足球改革发展总体方案》，中国新闻网，2015 年 3 月 16 日，http://www.chinanews.com/ty/2015/03-16/7131999.shtml。

(三)完善职业俱乐部建设和运营模式,打造中国足球文化

严格准入、规范管理职业足球俱乐部,充分发挥其在职业联赛中的主体地位和重要作用;优化俱乐部股权结构,实行政府、企业、个人多元投资,鼓励俱乐部所在地政府以足球场馆等资源投资入股,形成合理的投资来源结构;完善俱乐部法人治理结构,加快现代企业制度建设,立足长远,系统规划,努力打造百年俱乐部。[①]

推动实现俱乐部的地域化,鼓励俱乐部去企业化,并扎根所在城市,避免俱乐部追随投资者迁徙,为实现职业联赛的良性发展和培育稳定的球迷群体创造条件,建设城市足球文化。

(四)推动校园足球发展,完善足球竞赛体系

深化学校体育改革,把校园足球作为扩大足球人口规模、促进青少年健康成长的基础性工程,把足球列入体育课教学内容,加大学时比重。全国中小学校园足球特色学校在现有5000多所基础上,2020年达到2万所,2025年达到5万所,其中开展女子足球的学校占一定比例。成立大中小学校园足球队,完善常态化、纵横贯通的大学、高中、初中、小学四级足球竞赛体系,探索将高校足球竞赛成绩纳入高校体育工作考核评价体系。注重职业联赛、区域等级赛事、青少年等级赛事、校园足球赛事的有机衔接,逐步建立健全青少年联赛体系。[②]

(五)普及社会足球运动,畅通足球人才成长通道

社会足球人口不断增加、水平不断提高,为职业足球发展奠定了扎实的群众基础和人才基础。增强校园足球、社会足球的人才培养意识,拓宽职业

---

① 《中国足球改革发展总体方案》,中国新闻网,2015年3月16日,http://www.chinanews.com/ty/2015/03-16/7131999.shtml。

② 同上。

足球选人视野，畅通优秀苗子从校园足球、社会足球到职业足球的成长通道。充分发挥体育院校、体育科研院所在足球理论研究和足球专业人才培训中的作用。加强国际交流，引入一批高水平外籍讲师对我国教练员、裁判员、讲师实施规模化培训。[①] 设立足球专业学院和学校。

正如英超球星萨迪奥-马内说："选择球队，更重要的是选择适合你的教练。"

（六）精心打造国家足球队，完善足球人才成长体制机制

为稳步提升国家队水平，形成符合球员身心特征和当代足球发展趋势的技术路线；优先选拔为国效力愿望强烈、意志品质一流的优秀球员进入国家队；发挥制度优势，弘扬中华体育精神，打造技艺精湛、作风顽强、能打硬仗、为国争光的国家足球队。同时，加强国家队后备人才储备，完善青少年足球人才发现与选拔机制，对拔尖青少年球员建立数据库并长期跟踪，动态调整备选队员名单。[②] 俱乐部应当以大局为重，全力支持配合国家队建设。

（七）强化投入机制，鼓励社会力量发展足球

各级政府应当加大对足球的投入，根据事权划分主要用于场地建设、校园足球、青少年足球、女子足球、国家队建设、教学科研等方面。体育、教育等部门在安排相关经费时，应当对足球改革发展给予倾斜。[③] 为持续推动足球改革发展，确保本方案落实，建立足球改革发展部际联席会议制度。同时公布相应的配套政策和保障措施，从财政和金融政策、规划和土地政策、税费和价格政策及人才和就业政策等方面确保规划实施。

引导有实力的知名企业和个人投资职业足球俱乐部、赞助足球赛事和公益项目，发挥支持足球事业的示范和带动作用，拓宽俱乐部和足球发展资金来源渠道。

---

① 《中国足球改革发展总体方案》，中国新闻网，2015 年 3 月 16 日，http://www.chinanews.com/ty/2015/03-16/7131999.shtml。

②③ 同上。

总之，随着市场机制的引入和政府层面的支持，足球产业市场化将进一步发展，足球产业链将日益成熟。这一轮政策引导下的足球产业将喷发出极大的市场，包括足球装备、球场材料供应商等都在为之躁动。

三、地方足球产业政策

2017 年 6 月 14 日，习近平总书记在人民大会堂会见国际足联主席因凡蒂诺时指出："足球运动的真谛不仅在于竞技，更在于增强人民体质，培养人们爱国主义、集体主义、顽强拼搏的精神。近年来，我们集中力量制定足球改革和发展总体方案，坚定推进改革。"[①]2014 年 10 月国务院颁布了《国务院关于加快发展体育产业促进体育消费的若干意见》，2015 年 3 月国务院办公厅印发了《中国足球改革发展总体方案》，2016 年 4 月国家发改委印发了《中国足球中长期发展规划（2016—2050 年）》。在此之后，各地政府根据国家颁布的相关文件，依据地方具体情况，相继出台各具特色的地方足球产业政策。下面以北京市 2017 年 9 月 30 日印发的《北京市足球改革发展总体方案》为主要案例进行介绍，同时对福建省足球产业政策的情况做介绍说明。

（一）北京市的足球产业政策

为深入贯彻落实党中央、国务院决策部署，推动北京市足球事业的改革发展，根据《国务院办公厅关于印发中国足球改革发展总体方案的通知》等有关文件精神，结合北京市的实际，制定了《北京市足球改革发展总体方案》。

1. 北京市足球改革发展的"三步走"战略

到 2020 年，改善足球运动发展的环境和氛围，制定足球运动中长期发展规划，创新北京足球管理模式，形成足球事业与足球产业协调发展的格局。足球场地数量达到 1610 块，平均每万人拥有足球场地达到 0.7 块以上；建设

① 《习近平会见国际足联主席》，新华网，2017 年 6 月 14 日，http://politics.people.com.cn/n1/2017/0614/c1024-29340002.html。

好 230 所校园足球特色学校，中小学生经常参加足球运动人数不少于 20 万人；基层足球运动广泛开展，北京市经常参加足球运动的人数超过 100 万人。到 2035 年，实现平均每万人拥有 1 块足球场地；北京男足、女足跻身国内赛事前列，拥有 2 支长期稳居国内顶级联赛前列并具备夺冠实力的职业俱乐部球队。到 2050 年，北京足球职业联赛组织和竞赛水平达到国际先进水平，职业俱乐部队伍国际竞争力显著提升，形成成熟健康的足球文化，积极申办国际顶级足球赛事。①

2. 健全管理体制，明确地方足协的职能定位

参照中国足球协会管理体制调整组建北京市足协，并实现与北京市体育局脱钩。北京市足协作为北京地方足球运动领域的社团法人，是代表北京市参加中国足球协会的唯一合法机构，具有推广足球运动，培养足球人才，发展完善地方赛事体系，建设管理北京足球代表队。同时按照社团法人机制运行，实行财务公开，接受审计和监督。

3. 多元投资，提升俱乐部主体责任，完善运营模式

北京市将实行政府、企业、个人多元投资，优化俱乐部股权结构；充分发挥俱乐部在职业联赛中的主体地位和重要作用，提升俱乐部主体责任意识，完善职业赛事组织运行管理模式，真正形成俱乐部为主、政府监管为辅的商业化赛事运行模式。加强行业管理，提升赛事运营能力，促进国际赛事交流，积极申办国际高水平足球赛事。

4. 推进校园足球，完善竞赛机制，普及社会足球

北京市将足球纳入体育课教学内容，强化中小学体育课足球教学，把校园足球作为扩大足球人口规模、夯实足球人才根基的基础性工程。将在全市开展丰富多彩的校园足球比赛活动，完善足球竞赛机制，形成“校内有比赛、校际有联赛、市级有选拔”的校园足球竞赛活动新格局。② 同时，努力推动社会足球运动普及，构建社区足球指导服务体系，鼓励专业教练员、裁判员以志

---

① 《球迷福利！北京计划到 2020 年足球场地数量达到 1610 块》，中国新闻网，2017 年 10 月 12 日，http://finance.sina.com.cn/roll/2017-10-12/doc-ifymviyp0552444.shtml。

② 《北京市足球改革发展总体方案》，京政办发〔2017〕42 号，2017 年 9 月 30 日，https://mp.weixin.qq.com/s?_biz=MzI2MTMxNzIzOA%3D%3D&idx=1&mid=100001133&sn=9947d3e45c109ed53d26615f9715fb0d。

愿服务形式指导社会足球建设；拓宽优秀苗子从青少年校园足球、社会足球到职业足球的成长通道，建立职业运动员良性发展机制，促进全面发展。①

5. 实行主教练负责制，打造北京足球代表队，壮大足球产业

实行主教练负责制，打造技艺精湛、作风顽强、能打硬仗、为北京争光的2至4支全运会北京足球代表队，并力争男女全运队为各级国家队输送运动员不少于10人，全国比赛成绩进入前三名。北京市将加大对足球改革发展的投入，主要通过政府购买服务方式，重点支持推广青少年校园足球、培养高水平足球人才、建设足球场、打造特色品牌赛事、促进职业俱乐部健康发展等；鼓励社会力量发展足球，引导知名企业和个人投资足球俱乐部，打造足球赛事品牌，培育足球服务市场，构建全方位、全过程足球产业链，形成多种经济成分共同兴办足球产业的格局。对足球场地建设予以政策扶持，对社会资本投入足球场地建设，符合相关规定的，可享受土地、税收、金融等方面的优惠政策；力争2030年底前，北京新建或改建1至3座可容纳5万人左右的专业型足球场。②

支持北京市足协牵头成立足球产业发展公司，不断加大对赛事、球队等的市场开发力度。积极打造培育高水平足球赛事，大力开拓赛事运营、场馆运营、足球培训、足球经纪、足球保险、足球彩票等相关服务市场。

（二）福建省足球产业政策

福建省选择校园足球作为突破口，认定要提高中国足球水平，必须从娃娃抓起，让更多孩子参与到足球运动中去。

1. 福建足球产业政策

（1）强化组织保障，完善办事机构。定人、定点、定岗、定责办公，专门司职校园足球工作，统筹协调校园足球的开展；成立校园足球专家指导组和校园足球督导调研组协助做好做实校园足球工作，制定出台《福建省关于加快

---

① 《北京市足球改革发展总体方案》，京政办发〔2017〕42号，2017年9月30日，https://mp.weixin.qq.com/s?_biz=MzI2MTMxNzIzOA%3D%3D&idx=1&mid=100001133&sn=9947d3e45c109ed53d26615f9715fb0d。

② 《北京市足球改革发展总体方案印发 对足球场地建设予以政策扶持》，证券时报网，2017年10月12日，http://stock.hexun.com/2017-10-12/191191586.html。

发展青少年校园足球的实施意见》《福建省青少年校园足球特色学校及试点市县(区)考核评定办法》等切合福建省实际的校园足球工作方案。(2)创建特色学校,加强动态管理。创建全省中小学总数10%以上的全国及省级青少年校园足球特色学校。在对各级校园足球特色学校和试点市、县(区)进行动态分级管理的基础上,从资金和政策等方面加大对校园足球特色学校和试点市、县(区)的支持力度,充分发挥校园足球特色学校和试点单位的引领示范作用。迄今为止,国家级校园足球特色校达455所。(3)改进课堂教学,强化师资培训。以课堂教学主渠道、上好足球课为重点,完善修订符合福建学校实际的教师指导用书及课外足球活动方案,全省所有校园足球特色学校每周开设1节足球教学课,普通学校每学期开设10课时左右的足球课程,并把足球运动纳入课外体育锻炼活动。组建全省校园足球培训讲师团。目前,全省已培训校园足球教育行政管理人员、校园足球特色学校校长和校园足球特色学校足球体育教师2200多人。① (4)完善联赛机制,形成足球文化。持续开展省、市、县、校及大学、高中、初中、小学四级联赛;制定完善符合学校实际、学生身心健康发展及足球运动发展规律的小学、初中联赛方案;鼓励有条件的学校开展形式多样、制式(5人、8人、11人)多样、层次多样的足球比赛,在青少年学生中普及足球知识和技能,扩大足球人口规模,形成校园足球文化。②

2. 2018年福建省青少年校园足球特色学校和试点市、县(区)考核评定工作

本次考核评定的对象为福建省认定为全国和省级青少年校园足球特色学校的中小学校(含中职校),以及国家和省级青少年校园足球试点市、县(区)。学校将根据排名划分为A、B、C三个等级,教育厅将根据自查、专家抽查的情况进行省级青少年校园足球特色学校等级评定。排名前60的学校将被认定为A级单位,排名后80的学校为C级单位,其余学校为B级单位。被认定为A级单位的学校将获得资金及政策扶持,扶持经费为100万元,主要

① 《福建省"十三五"教育发展专项规划解读之五——让体育美育之花在八闽大地尽情绽放》,福州市教育局网,2016年7月26日,http://www.fzedu.gov.cn/Article/zcjd/2016/07/26/27010.html。

② 《展望福建教育十三五:让体育美育之花在八闽大地尽情绽放》,《福建日报》,2016年7月25日,第5版。

用于校园足球训练、器材添置、参赛保障、教练员训练补贴和外出培训等相关用途，不得挪作他用；政策扶持将在学校招生、对外交流等方面给予优惠政策。认定为C级单位的学校将予以警告并限期整改，如限期整改不到位，取消全国或省级青少年校园足球特色学校资格，由随后申报单位择优递补。①

2016年，福建有127所中小学校被教育部认定并命名为"全国青少年校园足球特色学校"；其中，南安市被认定并命名为全国青少年校园足球试点县。2017年，福建有328所中小学校被教育部认定并命名为"全国青少年校园足球特色学校"；其中，霞浦县入选全国青少年校园足球试点县。

四、足球企业

2014年10月20日，国务院颁布了《国务院关于加快发展体育产业促进体育消费的若干意见》，即人们所称的46号文件。自"46号文件"出台以来，布局足球产业的资本逐渐增多，其中不乏上市公司。

（一）广州恒大足球俱乐部

1. 广州恒大足球俱乐部的介绍

广州恒大淘宝足球俱乐部是中国广州的一所职业足球俱乐部，现参加中国足球超级联赛。2011赛季启用广州天河体育场作为主场至今。广州恒大淘宝足球俱乐部前身是成立于1977年的广州市足球运动队。2010年初，广药集团正式退出，俱乐部暂时由广州足协托管。2010年3月1日，恒大集团以1亿元买断广州足球俱乐部全部股权，俱乐部更名为广州恒大足球俱乐部；同时广汽集团以2500万元取得一年的冠名权，球队名称为广州恒大广汽队。恒大集团买断广州足球俱乐部后，恒大俱乐部以符合市场经济发展的新规律，用全新的经营、管理理念对足球产业有形和无形资产的市场开发、品牌打造、人才培养等相关产业进行再开发和再发展，为中国足球产业今后的再起

① 《福建拟考评足球特色校》，《海西晨报》2016年4月26日，第A06版。

航，起到了一定的引领与示范作用。2012 年俱乐部首次参加亚洲足球俱乐部冠军联赛并进入八强，2013 年获得亚洲足球俱乐部冠军联赛的冠军，这也是中国俱乐部第一次问鼎该项赛事，同年获亚足联最佳俱乐部奖。

2014 年 6 月 5 日，阿里巴巴入股恒大俱乐部 50%的股权；同年 7 月 4 日俱乐部更名为广州恒大淘宝足球俱乐部。2015 年，体奥动力以 80 亿元购入中超联赛 2016—2020 年的五年全媒体独家转播权，成为重要催化剂，开启中超联赛发展的良性循环，凸显了中国足球产业市场的价值。对此，业内知情人士表示，2016 年中超公司将收到其中的 10 亿元，除去中超公司的分成，按平均分配的话，每家中超俱乐部将获得 5000 万—6000 万元的转播权收入。

2. 广州恒大淘宝足球俱乐部的商业模式

恒大淘宝足球俱乐部的主要业务模式和盈利模式是：投入资金运营职业足球队，参与各种职业比赛，获得海量球迷及受众，提升俱乐部的品牌价值。基于上述商业生态平台，公司通过向球迷销售比赛门票、球迷周边商品等获得销售收入，并帮助广告主向目标受众群体投放广告，获得广告收入或其他授权收入。然而两项业务营收相差甚远，恒大淘宝在 2016 年上半年 2.5 亿元的营收中，体育事业收入为 2.46 亿元，商品销售收入仅为 482.81 万元。恒大淘宝足球俱乐部表示，引进教练和球员的薪酬及转会成本处于较高水平。[①]

3. 恒大集团沈阳足球小镇

2017 年 11 月 22 日正式签约落户沈阳市沈北新区投资 100 亿元，旨在从小培养中国足球明星的东北首个足球小镇，项目选址在沈阳市沈北新区辉山地区，规划占地约 1668 亩。项目建设时限为 3 年，建成后，将对东北地区足球及相关产业发展起到积极拉动作用。[②]

足球小镇核心是足球学校。说起足球学校，很多人会想起有着中国足球“黄埔军校”之称的广东清远恒大足球学校。此次落户沈阳的足校小镇就是由恒大集团投资，其在中国北方辽宁复制一个比广东清远恒大足球学校还要大的学校，并以此为核心打造一个多元化的足球文化小镇。负责此项目招商

---

① 《蒋洁琼：足球产业商业模式亟待完善 涉及产业链多个方面》，中国证券报—中证网，2016 年 10 月 26 日，http://finance.sina.com.cn/stock/hyyj/2016-10-26/doc-ifxwztru7183959.shtml。

② 《东北首个足球小镇落户沈阳 打造足球明星摇篮》，中国新闻网，2017 年 11 月 22 日，http://www.lnwx.org/Item/Show.asp? d=14761&m=1。

引资的沈阳市沈北新区副区长蒋勇告诉记者:“辽宁是中国足球大省,出了不少中国足球名将,恒大足球学校很看重辽宁的苗子,但是家长们都不愿意把孩子送到广东那么远,恒大就想在辽宁也建设一个足球学校,这样就能把中国北方的好苗子招收到这个学校来。”

这个足球学校,将建设50多块室外足球场地,同时还要建设多个室内足球训练场。招生规模预计5000名,超过广东清远恒大足球学校3000名招生规模,是集小学、初中、高中于一体的全日制封闭式足球学校,实施文化基础教育与足球专业培养并举的模式,依托基础教育名校解决传统足球学校最薄弱的文化教育问题,并由皇马俱乐部教练团队全权负责足球专业培养,让学生不出国门接受世界级足球训练。沈阳沈北恒大足球特色小镇项目除了足球学校之外,还要打造颐养生活综合配套及高品质商住的结合产品,集足球教育、足球交流、足球体验于一体,全新打造延年堂、互联网+医院、健康管理中心、国医馆、运动中心及影城商业中心、恒大足球联赛基地、足球体育公园。[①]

(二)卡尔美(KELME)

卡尔美(KELME),作为一个已经运营近半个世纪的欧洲品牌,早已是全球体育运动勇敢、无畏的代名词。2014年6月卡尔美品牌正式进入中国,卡尔美(中国)有限公司于2015年11月17日在福建省晋江市市场监督管理局登记成立,公司专注于打造足球运动装备,全力支持足球事业的发展,主要从事鞋帽、服装服饰、鞋材、纺织品、皮革、箱包、日用品百货、批发、零售行业的民营企业公司。目前,卡尔美(中国)已占领中国足球多块领域:KELME(卡尔美)中国和中甲深圳佳兆业、北京北控、青岛中能等10支中甲足球俱乐部展开战略合作,成为中甲联赛第一大装备赞助商。2016年,卡尔美(中国)有限公司拿下了中乙联赛的装备赞助权,成为中乙联赛唯一装备指定赞助商,完成中国职业足球领域的最后一块拼图。卡尔美(中国)与国内众多俱乐部合作,足球事业涉及职业足球、业余足球、青少年足球领域等多个领域。

---

① 《东北首个足球小镇落户沈阳 打造足球明星摇篮》,中国新闻网,2017年11月22日,http://www.lnwx.org/Item/Show.asp? d=14761&m=1。

1. 职业足球领域

卡尔美强势占领中国职业足球高地。(1)中甲足球联赛。2015 赛季卡尔美坐拥中甲“半壁江山”,虽然 2016 赛季,江西联盛降级了,但在此基础上又新增了 1 支球队——上海申鑫,目前达到 9 支。(2)中国女子足球超级联赛,甲级联赛。卡尔美不忘支持女子足球的发展,于 2015 年与中国足球签订了战略合作协议,成为中国女子足球超级联赛、甲级联赛的官方装备供应商。(3)中国五人制足球甲级联赛。对于五人足球,卡尔美有悠久的历史文化传承,它是西班牙顶级的五人制足球的发展,目前是中国五人制足球的甲级联赛官方装备供应商。(4)中国足球乙级联赛。2016 赛季,在中国足球迅猛发展的大背景下,卡尔美以独到的战略眼光强势占领中乙联赛,成为中国乙级联赛的官方装备供应商。

2. 业余足球领域

球友们亲切地称卡尔美为足球界的小米,其设计理念和服务态度广受球友好评。除了产品理念质量精益求精,卡尔美在业余足球推广方面也是不遗余力。2014 年,卡尔美冠名广东最大的五人制足球“广东联盟杯”打响了卡尔美在中国足球的第一炮。同年,卡尔美斥巨资赞助省港杯、城市冠军杯、老甲 A 都取得了巨大的反响。2016 年,卡尔美更进一步,除了参与中国城市足球联赛、湖北省足协杯等中国顶级业余赛事活动外,还携手城市足球发展理事会与华人文化致力于打造盛世足球联赛“城市足球冠军杯”赛事品牌,为城市足球组织者和爱好者提供高质量的赛事服务,助力中国业余足球赛事的发展。

3. 青少年足球领域

2014 年,卡尔美(中国)与恒大 U17 梯队签署战略合作协议,共同致力于青少年足球梯队的培养,为中国足球的发展源源不断输送足球人才。这是卡尔美(中国)足球战略重要的一环,也是卡尔美(中国)青少年布局的第一环。2016 年 4 月,卡尔美(中国)正式宣布成为中国中学生足球国家队的官方赞助商。联队代表中国参加亚洲中学生足球锦标赛等国际赛事,这是校园足球开展以来,协会杯历史上第一支中国中学生联队。这也是卡尔美(中国)正式进入国家队赞助的第一步,同年 5 月,卡尔美(中国)签约中国大学生女子足球国家队。据官方数据统计,中国足球职业联赛品牌赞助领域,卡尔美(中国)占所有比重为71%,远超耐克、阿迪达斯等品牌。未来卡尔美将会通过足球迅速切入中国运动产业,打造一个融合足球、篮球等多种运动鞋服的综合平台,将"Never Give Up"的运动理念和品牌核心价值观传递给中国消费者,让人们不断感受体育运动的真谛,成功走进国人心中,引领中国运动文化的形成。

足球是体育产业中最大的单一项目,全球年产值超过5000亿美元,占体育产值比重约51%。同时,中国足球正从低附加值的足球用品制造与销售向高附加值的赛事运营、商务开发合作提升,中国足球产业链正在扩容。《中超联赛商业价值评估白皮书》显示,2017年,中超联赛的市场总值为4.5亿欧元,国际排名第14位,相较2012年上升了29名。[①] 瞄准这块蛋糕,近年来布局足球产业的上市公司逐渐增多,但商业模式仍有待探索。

(作者:范崇雄,北京大学文化企业中心;兰　峰,福建省第二高级技工学校)

① 《国务院46号文打开市场 投资者兴奋足球变印钞机》,《南方都市报》,2015年2月9日,http://sports.sohu.com/20150209/n408857260.shtml。

第七章 足球产业市场

足球名帅比尔·香克利说:“足球无关生死,却高于生死。”是否有点耸人听闻?可这句名言的诞生地英国,正是当今足球产业最为发达的地方。现代足球诞生至今已超过 150 年,关于足球的生意也运行了上百年。全球足球产业现状怎么样?标杆们是怎么运作的?中国足球产业处于怎样的位置?……研究当下更是为了把握今天,在我国日益重视足球经济,中国足球面临深化改革的重要时段,窥全貌,知大势,找对标,是一件有意义的事。

红山会议之后至今,足球市场化改革并没有真正完成。最近十几年,尽管中超、广州恒大风生水起,但国家队的全球排名不断降低。反映在市场上,以足球用品为主的产业格局、对赞助严重依赖的俱乐部收入结构,并没有任何改变。足球水平较低、治理机制僵化、足球文化不彰,足球投资本质上是地产、金融及独角兽企业的资本盛宴。中国足球产业如想要未来,必须要面对现实、剖析问题、做出改变。文章从全球足球产业基本现状入手,介绍欧洲足球以电视转播为主导的运营模式以及充分市场化的足球产业组织;分析中国足球产业蕴藏的巨大潜力,并指出中国足球落后的根源在于市场化程度低,主要足球企业的商业模式存在明显缺陷。

一、全球足球产业规模、结构和组织

(一)足球产业规模

足球是当之无愧的天下第一大运动,从产值总额上讲,全球足球产业年产值超过5000亿美元。德国汉堡的数据统计资源网站Statista显示,2017年,足球在全球体育市场的比重达到51%,占据了半壁江山。照国际足联最新统计,全球约有2.4亿名足球运动员,大小球队150万支,从业人员2.7亿。

从影响力上讲,作为产业开发最早的体育项目,经过百年磨砺,足球产业已经形成了较为成熟的发展模式。如同电影产业,足球是典型的高附加值产业,产业链较长,集强观赏性、对抗性、娱乐性于一身,盈利模式多种多样。全球体育赛事及团体商业价值排行中,足球联赛及俱乐部均在前列,国际足联(FIFA)也因有209个协会成员,被尊为全球协会最多的国际单项体育组织。

从需求的角度讲,全球有超过14亿人对足球感兴趣。在欧洲、南美、中东一些国家,足球文化已深深植入其生活方式。英国是现代足球的鼻祖,如莎士比亚戏剧中所讲,To be or not to be,that's a question。在英国,足球同样是关乎终极关怀,甚或高于生死的问题。意大利人对于足球同样是痴情一片,曾被人戏谑,宁可输掉一场战争也不输掉一场足球比赛。巴西世界杯期间,目睹德国7比1横扫桑巴军团,对于巴西人民不啻为挥之不去的噩梦。

随着商业发展的不断演进,足球与经济的联系越来越紧密。在意大利、英国等国家,足球产业几乎作为支柱产业而存在。足球产业能带来数以万计的就业机会,组织大型足球比赛,成了带动城市建设、旅游、就业等多方面商业内容的捷径。

以刚刚过去的俄罗斯世界杯为例,世界杯经济效应,帮助俄罗斯走出经济寒冬:一是投资拉动,促进国民经济增长,增加了工作机会,降低了失业率。俄旅游署统计显示,2018年1—3月份,俄罗斯GDP增速达1.3%,相比之下,4—6月份的GDP增速翻一番,达到2.5%。二是观赛潮带动旅游业消费。2014—2018年间,世界杯已经为俄罗斯带来超过150亿美元的收益,其中约有14%直接来源于世界杯期间赴俄观赛的游客消费。[①] 三是世界杯引领了一波相关商品的消费热。俄罗斯世界杯组委会发布的《2018年俄罗斯世界杯对经济、社会和环境领域的影响》报告称,世界杯将对俄经济产生持续正面影响,未来5年生产总值将因此增长1500亿至2100亿卢布,联邦和地方预算会增加260亿至380亿卢布收入,每年在建筑和旅游行业也将新增16万个至

① 林言:《赛事经济不只是经济》,《中国新时代》,2018年第8期,第28页。

24 万个就业岗位。

在全球范围内，以足球带动的产业十分丰富，球衣、球鞋、比赛转播、球员转会等所创造的价值，已很难用准确地用数字来衡量。足球贵为天下第一大运动，实至名归。

（二）世界足球中心在欧洲

欧洲足球经过近百年的赛事磨砺，已形成了两大体系，即俱乐部（英超、德甲）体系和联赛（如西甲）体系。欧洲职业联赛的成功让欧洲垄断了一切优秀的足球资源，最好的球星、最好的教练、最好的足球经理人、最好的苗子，欧洲足球联赛的强势也代表着最高水平。实际营收情况也表明，亚非拉美足球产业无法比肩欧洲。2017 财年欧洲顶级足球联赛所有俱乐部的总收入达到 201 亿欧元，比上一财年增长 16 亿欧元。除去转会和财务等方面的成本，所有俱乐部的总利润为 6000 万欧元。

欧洲足球以五大联赛（英、西、德、意、法）占据着欧洲足球半壁江山，占据了大量的市场份额，其中又以英国足球商业运作最为成功。英国是体育产业起步最早、发展最快的发达国家，体育产业产值占 GDP 总值的 2%，附加总值的增长率已超出 GDP 的增长率水平，足球产业总值在英国的体育产业具有举足轻重的地位。[①] 目前英超俱乐部盈利能力位居五大联赛之首，已有 16 家俱乐部上市交易。英超俱乐部平均净利润按人民币计算已经超过 1 亿元，每赛季上缴税金平均达 6 亿英镑。

1. 主要盈利模式

目前，亚、非、拉美等足球俱乐部的盈利模式仍由赛事收入或赞助主导，而欧洲足球已经历了“赞助收入—赛事收入—商业运作收入—电视转播权收入”四轮更迭，成为全球最成熟的盈利模板。根据英国足球媒体 Goal 的报道，在五大联赛足球俱乐部 2018 年收入排行中，英超劲旅曼联收入 6.76 亿欧元，在欧洲足球俱乐部收入排行中独占鳌头，皇马和巴塞罗那分列二、三名。其

① 赵来安、张鲲、王琴梅：《国足球产业成功要素及其影响研究——关于比赛场地、球迷（支持者）与区域社区》，《山东体育学院学报》，2015 年第 6 期，第 39 页。

中前10名中有5家来自英超。Goal公布的数据还显示，英超的收入在五大联赛中遥遥领先。这份报告的内容包括球员转会、门票、赞助以及球场所有权等各种收入。其中，英超球队总收入达到53亿欧元，排名第一，强势的奥秘在于高额的电视转播收入；西甲的收入为29亿欧元位列第二；德甲28亿欧元、意甲22亿欧元、法甲16亿欧元。

从2017—2018赛季到2020—2021赛季，德甲联赛本土的转播费用合同达46.4亿欧元，一举超越西甲与意甲，攀升至榜眼的位置。[①] 德甲联盟不仅出售联赛转播权，也出售其子公司制作的电视节目版权，德甲霸主拜仁慕尼黑还推出了拜仁TV。电视转播收入也是五大联赛收入增长的决定性因素。在2015—2016赛季，得益于新转播合约及欧足联新的三年转播期合约带来更高额的分红，德甲、意甲、西甲实现了5.35亿欧元的转播收入增长。德甲俱乐部创收上涨了3.2亿欧元(增幅13%)。欧足联分红帮助德甲俱乐部增收4600万欧元，转播总体收入实现了28%的增长。西甲俱乐部总收入增长了19%，超过24亿欧元，得益于回归集中制转播的过渡期合约。作为与盈方签署新合约的第一年，意甲俱乐部转播收入达到7500万欧元的增长(7%)。[②] 门票收入在足球产业收入也占有重要地位。2016—2017赛季巴塞罗那俱乐部门票收益为1.43亿欧元，位列全球之首，占其总收入的22%。英超是门票最为昂贵的联赛之一，2017—2018赛季英超季票平均价格达到了1768.5英镑。与之相比，德甲俱乐部平均季票价格不到440欧元(最高700.3欧元，最低178.6欧元)，是门票市场中的一股清流。升班马杜塞尔多夫俱乐部比赛日最低门票仅为8欧元，季票只有112欧元，堪称“白菜价”。由于德甲拥有羡煞全球的上座率，场均42500人，因此即便拜仁的比赛日最高价格仅有70欧元，其年门票收入仍然高达1.17亿欧元，位居欧洲第四。[③]

对于洲际比赛而言，除来自赞助，大部分收益来源于门票销售收入和商品销售收入。商品赞助方面，2017—2018赛季英超球衣赞助费突破2亿英

---

① 周里希:《年营收与净利润均创历史新高的拜仁慕尼黑还能走多远?》，搜狐网，2018年12月3日，http://www.sohu.com/a/279387053_482792。

② 《2016年度足球财务报告》，德勤中国，2016年7月11日，https://www2.deloitte.com/cn/zh/pages/international-business-support/articles/annual-review-of-football-finance-2016.html。

③ 智研咨询:《2017—2022年中国足球市场深度评估及未来发展趋势报告》，中国产业信息网，2016年11月，http://www.chyxx.com/research/201701/486525.html。

镑。根据《足球与经济》和《都灵体育报》的消息，意甲老大尤文图斯正寻找球衣袖子的广告商，这种赞助每赛季可以带来 900 万到 1000 万欧元的收入。

球衣销售方面，以“足球队服”和“Football Soccer Jersey”为关键词任意检索 B2C 商业网站，销量最多的球衣一向是欧洲联赛的豪门，如曼联、巴萨等。[①] 明星的带动效应也十分惊人，2018 年 C 罗转会尤文图斯，官方宣布转会仅 24 小时后，俱乐部和赞助商阿迪达斯就卖出了 52 万件 C 罗球衣，给俱乐部带来巨大收益。

2. 充分市场化的产业组织

在当前的欧洲职业足球联赛中，联赛运营方首先是商人而非足球工作者，赛事运作遵循商业逻辑。英超联赛拥有着欧洲职业足球联赛中较高的竞技水平与均衡性，保持着火爆的球市，吸引着全球资本，其以教练员为中心负责人的管理制度上也较之其他联赛有更大的优势。英国在推动本国足球产业发展时，遵循经济价值最大化原则，使其足球产业具有典型的市场化属性。枪手阿森纳俱乐部年年卖队长，却也年年盈利；红魔曼联在弗格森后期，格雷泽家族在人员引进方面是只卖不买，虽然在成绩上无法恢复昔日荣光，但商业上的巨大成功，使得争冠野心成为多余的奢侈与冒险。老帅弗格森爵士退休后，曼联迅速滑入低谷，即便赛场成绩乏善可陈，可曼联的吸金能力依然处于欧洲之巅。商业逻辑对竞技规律的限制在整个欧洲职业足球联赛是具有普遍性的，西甲、德比一般会安排在亚洲球迷方便的时段进行，意甲超级杯选择在中国开球，都是这样的考虑。

德甲以本土化球员为基础，打造精品赛事。职业足球联盟采用公司化运作，调整转播权收益的分配方式，实行严格的注册准入制度，确立了未来发展模式与路径。联盟采取转播权集中销售、收益按成绩分配的方式，不但维持了联赛的平衡，还激励了联赛中中小俱乐部的发展。西甲联赛旗下俱乐部因所有权采用了会员制，赛场成绩对于俱乐部经营至关重要，俱乐部的第一领导人——俱乐部主席由全部会员选举产生，而会员又以球迷群体为中坚，换言之，俱乐部高层权力结构，取决于球迷对赛场成绩的满意程度，经营决策受

---

① 赵均、许婕：《欧洲足球产业发展过程中文化输出的效应研究》，《吉林体育学院学报》，2016 年第 5 期，第 8—10 页。

到民粹主义的制衡。法甲联赛则借助金元势力入主的契机，利用巴黎圣日耳曼等强队的迅速崛起，重金引进伊布拉希莫维奇、法尔考、卡瓦尼、内马尔等大牌球星加盟，提升竞技水平，打造新的品牌形象，继而寻求更多的商业利益，这一方式已收到了一定成效。

足球市场在全球范围内是充分市场化的，但由于实力、积淀的不同，中心在欧洲，处于市场最高位以及产业链的最顶端。其他区域处于市场低位，沦为人才资源输送地，也是五大联赛赛事版权的“倾销地”。

二、中国足球产业规模、结构

（一）中国足球消费市场

与现有的中国足球水平相比，中国足球产业的消费需求是巨大的，也是刚性的。2014 年，国务院出台《关于加快发展体育产业促进体育消费的若干意见》，预计到 2025 年，中国足球产业规模将超过 2 万亿元。2015 年 9 月，体奥动力以 80 亿元的价格买断 2016—2020 赛季中超媒体版权，成为中国足球产业提速的标志性事件。2016 年国务院发布《中国足球中长期发展规划（2016—2050 年）》，把足球定位为国民经济重要产业。

根据央视索福瑞的统计，2011 年中超联赛的收视人次开始破亿；在 2012 年央视重新转播中超后，收视人次为 2.95 亿；2013 年涨到了 3.46 亿，2015 年已达 4 亿人次。2018 赛季，中超联赛场均人次为 24052，相比于 2017 赛季（24897 人）、2016 赛季（24162 人）有所下滑，但仍然力压日韩，成为亚洲人气最旺联赛。其中广州恒大上座率最高场均 47001 人，占据亚洲第一的位置，足球现场火爆程度让人想起 20 世纪 90 年代初甲 A 黄金时代，场均观众人数超越日本联赛和韩国。[①]

据公开数据，2018 年俄罗斯世界杯，中国大陆地区通过央视观赛人数达

① 孔煜、潘绍伟：《以欧洲足球联赛模式谈中超联赛的转播权运营》，《广州体育学院学报》，2018 年第 1 期，第 30—33 页。

1.28 亿人次，加上优酷、咪咕等直播平台，观看 2018 年世界杯揭幕战人数超过 2 亿人次。iiMedia Research（艾媒咨询）数据显示，2018 年中国城市人口中约有 1.87 亿人对足球感兴趣。即使没出线，中国仍然在世界杯“抢戏”，在 2018 年世界杯三级赞助商中，中国企业占 5 席，是世界杯“金主”。[①]

目前中国足球巨大的市场慢慢敞开大门，前来试水的除了第一阵容“大资本”，还有更多摩拳擦掌的“小资本”，但投行触达的，多数是产业链市场化程度相对较大的领域，比如青少年培训、场馆、足球经纪等，事实上是长线投资，有“靠情怀支撑”的意味。

（二）中国足球市场化程度

尽管需求是海量的，足球产业链长、涉及领域广，但以赛事组织为核心的足球经济在中国却长期以“黑洞”的形式存在。有数据显示，目前我国体育产业的收入中，体育用品占比 80%，是产业的主要支撑，而体育服务占比不足 20%，产业结构失衡现象比较严重。[②] 我国足球产业的市场化程度，以及赛事运营的商业化程度依然处在初级阶段。无论是世界杯、欧洲杯甚至亚洲杯，中国足球市场大多仍停留在观赛产品和市场营销等方面。比如看球的大屏电视，熬夜观战必备的啤酒、零食等。

从顶层设计看，国家体育总局、足协、足球俱乐部及运动员之间没有明确的产权关系，中国足球“管”的权力归属中国足协，“办”的过程和后果由俱乐部买单。足协是游戏规则的制定者和监督者，在代表政府实施宏观管理的同时，从赛事的举办中收取管理费，不直接对观众负责。投资人通过足球产业积累资本，与观众的消费直接相关。足协与足球投资人的利益冲突，使下游无法对中上游进行正面反馈，联赛的主要参与者缺乏信任。在这样的背景下，中国足球俱乐部的投资人，只能另辟蹊径，将足球作为媒介，创造其所属公司的附加利益：借足球拿地，借足球抢流量，借足球讲故事。

---

① 艾媒咨询—体育行业：《2018～2019 中国足球产业研究与商业投资决策分析报告》，东方财富网，2019 年 1 月 9 日，http://data.eastmoney.com/report/20190109/hy,APPJ4i3rPXP9Industry.html。

② 智研咨询：《2017 年体育产业发展状况及前景分析》，中国产业信息网，2017 年 11 月 7 日 http://www.chyxx.com/industry/201711/580213.html。

通常来讲,足球市场的进入壁垒是比较高的,一般进军职业足球的资本本身就是很雄厚的大财团,如入主利物浦的他信为泰国首富,投资蓝月亮曼城的谢赫·曼苏尔·本·扎耶德·阿勒纳哈扬是中东石油大亨。但中国足球市场的进入和退出壁垒相对较低,制度、企业行为都不成熟,市场上企业组织的市场绩效不明显,不少企业有洗钱嫌疑。近些年,中国足球产业市场发生系列的结构性变化,各企业对足球产业市场前景看好,各职业俱乐部的买卖、转手和兼并愈演愈烈,业务范围也在不断拓展。足球博彩、足球培训、足球旅游、足球类电子竞技、智能穿戴等得以萌生的前提是,核心赛事机制的建立和完善。冰冻三尺非一日之寒,我国足球产业还很不成熟,想一夜暴富或从中赚快钱非常不现实。

(三)足球投资分析

中国足球职业化以来,俱乐部的投资主体在资本属性上经历了国有资本逐步让渡于民间资本的过程。从行业属性来看,经历了从传统制造业到垄断性行业(烟酒、医药、能源等),再到地产金融和信息技术等新兴行业的转变,受宏观经济影响十分明显。

足球属于高投入行业,一般民营企业难以经营一支球队,而我国房地产行业的迅速崛起积累了大量社会财富,具备进入的能力。同时足球影响涉及社会的方方面面,本身就具有广告效应。虽然我国足球产业投入与产出失衡,但足球带有的巨大广告效应被一致认同。随着房地产成为支柱产业,地产企业开始重金塑造中超联赛。2006 年开始,地产行业明显加大了对顶级职业足球俱乐部的投资,这与我国同时期的地产市场持续繁荣密切相关,主要出现在一、二线中心城市,如广州恒大、广州富力、江苏舜天、浙江绿城、长春亚泰、河南建业、大连阿尔滨和原大连万达等俱乐部,甚至老牌俱乐部上海申花也在 2014 赛季被绿地集团收购重组。[①] 如今中超球队背后的赞助商几乎都是房地产企业,中超新贵上海上港母公司之一上海东亚是房地产企业,还有广州恒大、广州富力、上海绿地申花、杭州绿城、天津泰达、河南建业、河北

---

① 陈昆仑等:《中国顶级职业足球俱乐部的时空分布(1994—2013):动力和机制》,《天津体育学院学报》,2016 年第 2 期,第 99—105 页。

华夏幸福、长春亚泰、贵州恒丰、武汉卓尔、深圳佳兆业等。这一现象被媒体戏称为“中超球队尽数被地产商‘包养’”，百科还出现了一个专有名词——“房地产足球”。

随着“互联网+”时代独角兽的不断涌现，市场热点转换及经营的需求，2014 年阿里巴巴开始入股恒大，2015 年苏宁收购江苏舜天……火爆的球市吸引不少上市公司开始“不务正业”，频频通过收购、参股、赞助或者冠名的方式，布局足球产业。对于足球发展来说，某一个“风口上的猪”主导足球的现象，是发展不科学的表现，目前在金融去杠杆及房地产回落的背景下，足球俱乐部的发展以及我国足球竞技必然会受到冲击。

三、重点足球企业及商业模式

中国足球俱乐部严重依赖广告及企业赞助收入，后者通常要占到总收入的 60%甚至更多。一些俱乐部要倒贴钱赠票，才能把球迷请到比赛现场。而球员转会、足球彩票上市和相关产品开发等收入对中国足球俱乐部来说是稀缺的。整个中超联赛都缺少一种持续稳定的盈利方式，商业开发不成熟，盈利能力相对薄弱，经营模式同质化明显。

(一)暴力投资蹿红的恒大模式

广州恒大是少有的明星案例。恒大以皇马为师，下重手投资，数年间掀起“恒大旋风”，创造了一系列傲人的成绩。

2010—2013 年广州恒大请来世界冠军教头里皮，引入巴甲 MVP 孔卡，从对手那里挖到横扫中超的埃尔克森、孔卡，再加上韩国国脚金英权，以接近两位数数量的中国国脚打造的强力阵容，4 年投入累计超过 20 亿元，使广州恒大包揽中超联赛三连冠、足协杯、超级杯冠军、亚冠联赛冠军等至高荣誉。虽然俱乐部几乎亏损，但是足球带来的品牌效应是现象级的，地产和足球之间以品牌为纽带的盈利模式迅速蹿红。

恒大集团借用足球品牌影响力成为中国房地产之首。以净利润看，恒大集团连续两年超过万科集团，而万科集团在商业地产领域的强势影响力要远高于广州恒大。但在足球的光环下，恒大在拿地以及获取重要市场资源方面取得了话语权。在2011年之后，广州恒大以冠军球队的身份和良好的成绩吸引了媒体和消费者的关注，使恒大的球迷遍布全国，这些球迷也成为恒大楼盘潜在的消费者。足球效应对其品牌和营收带来的巨大贡献，最大限度地挖掘和提升了恒大集团的品牌价值。在联赛夺冠后，恒大推出"恒大冰泉"矿泉水，力图在最短时间内抢占国内矿泉水主流市场。此外，恒大还专门成立文化产业部门，涵盖电影、经纪、唱片、动漫、院线五大领域。这些产业组合无不借助足球的品牌影响力，追求足球产业与文化产业共振叠加效应。

广州恒大淘宝足球俱乐部的经营活动（球队冠名和赞助），一般要通过俱乐部的总经理和董事长，但球队管理方面有英式特征，主教练在球队比赛方面有绝对权威，比如技战术安排、内外援引进等，让教练发挥最大的能量，激发球员潜力。[①] 在赞助商广告方面，广州恒大获得了中超联赛上首笔单价超亿元的广告赞助合同，东风日产启辰签署总价值达到1.1亿元的赞助合同。清扬洗发水以"冠军之名"成为广州恒大的赞助商，双方的合同价值超过2000万元。美的电器也借助广州恒大为自己宣传，为此付出了大约500万元。一些著名运动品牌也与广州恒大签订了赞助合同，价值高达3000万元。此外，广州恒大主场天河体育场的广告牌也是各个商家颇为关注的推广位置。

在门票收入方面，亚冠决赛恒大主场门票收入超过5500万元，成为中国职业足球历史上单场票房收入最高的比赛，也是亚冠联赛球市的新高度。恒大在球队衍生品的经营上也初具规模。其在天猫商城上销售俱乐部有关商品，包括球衣、足球、围巾、水杯、徽章、钟表等；在恒大足球官方网站上有商务信息，出售球迷商品；在天河体育中心还有球队纪念品的实体店，吸引着铁杆粉丝前来消费。

恒大在球员转会方面也有斩获。225万美元引进的巴西外援雷纳托转会日本J联赛，恒大因此获得35万美元溢价，首次实现球员转会获利。从收入占比看，恒大集团通过赞助足球赛事提升企业品牌效应，以此获得了最大的

---

① 张弛等：《恒大俱乐部成功经营模式的经济学分析》，《社会体育学》，2015年第6期，第192—193页。

溢价。广告赞助费用是营收的大头，门票收入所占比重逐步提升，电视转播权虽收入微薄，但是通过电视来扩大广州恒大的球迷和社会影响力，出售纪念品及球员转会等方面也获得一定的经济收益，进一步扩充了广州恒大的盈利池。

在人才梯队建设方面，恒大投资 7 亿元在广东清远建设全国最大的足球学校——恒大皇马足球学校，实行文化学习与足球专业培养相结合、基础教育与高等教育相衔接的办学模式，力图通过投资引进有成长价值和升值空间的年轻球员，在球员达到黄金期后，把球员送到国际转会市场，实现俱乐部的正常盈利。

恒大在资本市场也如鱼得水。2015 年 7 月 1 日，广州恒大淘宝俱乐部向新三板提交挂牌申请并获得受理函，发行 37500 万股票。当年 11 月 6 日登陆新三板，投前估值 150 亿元，广州恒大淘宝因此成为中国及亚洲足球市场的双料第一股。[①] 广州恒大的成功，激励了很多俱乐部加入了足球改革的队伍。随着阿内尔卡、德罗巴、凯塔、卡努特、雅库布等大牌球星的到来，联赛的精彩和激烈程度随之提升，各俱乐部的上座率和票房收入也节节攀升。广州恒大的成功，一定程度上促进了中国足球俱乐部的职业化体制改革，为职业化足球的全方位建设提供了实证依据，开拓了我国足球市场，增强了我国职业足球联赛的知名度。

但随着房地产市场的回落，以足球反哺地产的模式不可持续。2016 年，恒大集团已将集团公司注册地迁入深圳，未来是“广州恒大”还是“深圳恒大”，前景并不确定。在经营方面，恒大的瑕疵也十分明显。私自更换胸前赞助广告侵犯了东风日产公司的利益，事后虽主动承担违约责任，支付违约金，但违约行为带来的收入远远高于其支付的违约费用。缺乏契约精神，注重眼前利益，与欧洲百年豪门底蕴相比，恒大的商业积淀还非常浅陋。再以新三板恒大淘宝为例，因为连续巨亏，已被挂 ST，有退市的风险。

2018 年恒大冠军被注重本土青训球员的上海上港夺走，在经济大寒冬的外部环境中，“烧钱模式”注定成为明日黄花。

---

① 《恒大淘宝足球俱乐部拟登陆“新三板”》，华尔街见闻，2015 年 7 月 2 日，http://stock.hexun.com/2015-07-02/177226436.html。

(二)版权与俱乐部并举的苏宁模式

苏宁作为一家消费行业企业,擅长在消费热点上做文章,也深谙渠道营销的真谛。文化、教育、养老等大健康产业是中国未来的驱动力,苏宁也趁势进军足球。

首先是控制版权,独占内容资源,搭建销售渠道。苏宁从懂球帝 App、聚力体育 PPTV、龙珠直播等媒体层面入手,对中超联赛的传播进行建构;以版权商体奥动力和聚力体育 PPTV 为抓手,实现对中超联赛的版权控制,介入中超联赛的运作。苏宁体育旗下的 PP 体育中标 2019—2022 赛季英超中国大陆及澳门地区独家全媒体版权,版权费达到 3 年 7.21 亿美元(合人民币 50 亿元),创下英超海外版权价格纪录。PP 体育还拥有西甲在中国大陆的全媒体版权。[①] 其次,全资收购江苏舜天,直接参加中超联赛。2016 年 1 月,苏宁以 5.23 亿的价格收购江苏舜天。但事实表明,苏宁的老板张近东本人并不像阿布、贝卢斯科尼等那样狂热痴迷足球,进入足球以及围绕足球进行的布局,更像是一种公关策略。绿茵场早已成为电商企业重要的营销阵地,苏宁很多现有业务板块与足球是强关联。其核心业务电商对品牌营销的需求是持续性的,苏宁每年在广告和营销上的投入巨大,但传统投放渠道的效果在减弱,足球则是一个能快速产生聚集效应的事情,这一点已经被恒大很好地印证了。在商言商,苏宁接手舜天,不是为了满足个人喜好。

按照苏宁的规划,足球是产业布局的组成部分,业务组合中包含商业、地产、文创等五大产业,其中文创聚焦体育、影视、健康等产业。苏宁足球俱乐部收入结构并无事实上的新意。门票收入过千万元,一定程度上反映了球迷对于俱乐部的支持程度。赞助商方面,除了苏宁集团作为赞助商,俱乐部还与努比亚达成战略合作,获得 1.2 亿元赞助,为俱乐部的商业运作提供了充足的弹药。[②] 随后,康佳跃升为苏宁足球俱乐部最大的赞助商,赞助球服胸前广告。在努比亚和康佳的大力赞助下,苏宁俱乐部因此资金雄厚。苏宁俱乐部

---

① 《体奥动力、PPTV 发联合声明并公布盗播中超媒体名单》,懂球帝,2017 年 7 月 4 日,http://www.dongqiudi.com/archive/372849.html。

② 焦立坤:《努比亚 1.5 亿赞助苏宁足球俱乐部》,《北京晨报》,2016 年 2 月 29 日,第 B04 版。

还注重球迷产品开发和推广，产品种类繁多，满足消费者多方面需求。

但苏宁模式的缺陷也十分明显。其一，产业链上的关联经营，违规利益输送的风险很大。体奥动力、聚力体育 PPTV 与苏宁俱乐部之间的股权关系并不透明，均需要各方监督。其二，在我国未建立完整的付费观赛模式的现实中，央视、地方台免费转播中超，分流了大量观众，观众付费观赛习惯未养成，动力也不足，目前中超联赛会员转化率尚不及英超的十分之一，版权变现非常有挑战。其三，苏宁足球俱乐部竞技下滑剧烈，球迷热情衰减。2017 年足协杯主场面对中甲球队上海申鑫，苏宁最终被对手追平，球迷笑言苏宁果然是中甲水平，他们高呼“苏宁滚蛋”，并出现倒戈现象。[①] 其四，海外投资有洗钱嫌疑。苏宁集团豪掷 2.7 亿欧元控股连续 5 年亏损的国际米兰，而苏宁云商 2016 年净利润仅为 4.93 亿元，不足收购价格的 25%。2017 年 7 月 18 日晚间，央视新闻点名苏宁“拿国内钱挥霍”“有洗钱嫌疑”。

（三）国企控股的国安模式

国安俱乐部作为老牌球队，长达 20 年的时间，赞助商从未更换过。由于地处京城，经济实力好，足球基础雄厚，关注度高，无论从影响力、财力上还是人力资源方面都有很大的优势。国安得到了有关政府部门的大力扶持和协助，帮助俱乐部在运营方面取得很好的效果。北京中赫国安足球俱乐部凝聚热爱足球的北京球迷，为北京国安的发展创造了良好的外部环境。从运营管理上看，北京国安是国内运营比较规范的职业足球部，业绩一直处于国内领先，从上至下各个层面都有着极好的战略和具体战术执行力。俱乐部注重保持与国外俱乐部的亲密合作，积极引入国外先进的管理经营理念，提高管理效率，在国内职业俱乐部中具有一定的代表性。

北京国安俱乐部赞助商中信银行，实力雄厚，股东单位的稳定性有利于养成足球文化和球队精神。国安的队歌《永争第一》非常响亮，球迷文化浓厚。每次主场的时候很多人都是父亲和爷爷带着孩子来看球……球迷对于国安的情感非常深厚，构成了国安独特的软实力。

① 周凯：《卡佩罗暴怒！苏宁踢不过中甲队 还是老老实实保级吧》，凤凰网，2017 年 7 月 18 日，https://i.ifeng.com/lady/vnzq/news?`m=%3D&aid=125538358。

尽管具有商业运作的优势，国安俱乐部仍然挣扎在盈亏平衡线上，俱乐部的经营状况与预期存在不小的差距。在中信国安的总营收中，广告收入占总营业的 7 成，门票收入占 2 成，剩下是场地广告、特许商品等，收入结构仍然非常单一。同时，俱乐部被中信集团绝对控股，国安俱乐部股权占比微小，企业尚未完成股份制改造，与民企控股的对手相比，在运营、决策效率上有一定劣势。

（四）资本泡沫下的万达、权健模式

足球一度是大连万达的代名词。1993 年甲 A 伊始，万达就缔造了中国职业足球的第一个王朝——大连万达足球俱乐部，迄今仍保持着中国顶级联赛连续 55 场不败的纪录，成为众多老球迷津津乐道的黄金岁月。

万达新一轮的足球投资，从属于其对于体育产业的整体布局。自 2015 年年初起，万达开始了其在全球体育领域的大布局——“扫货”。从对瑞士盈方体育（拥有 25 个体育项目转播版权，其中足球方面拥有包括世界杯在内的、在亚洲 26 个国家和地区的独家销售权——2018 年及 2022 年两届世界杯销售权）、西甲劲旅格子军团马德里竞技球队的股权投资，并购美国世界铁人公司，再加上王思聪旗下普思投资对乐视体育的投资等。抢占资源，是万达模式的路径缩影；成为一家轻资产公司，是王健林的梦想。[①]

短短时间里，万达全产业链投资涵盖赛事品牌、俱乐部、赛事运营企业以及终端的赛事直播等，为了使得并购的体育公司业务能尽快本土化，万达集团花重金晋升为国际足联（FIFA）的顶级赞助商以及国际篮联（FIBA）的独家商业开发合作伙伴。王健林并不掩饰称霸体育产业的雄心，但在 2017 年 6 月万达集团遭到了国家点名批评后，银监会开始排查万达的授信风险，随后万达 6 个境外项目的融资遭到管控，现金流迅速陷入了困境，走上甩卖资产的道路，其足球布局也变得暗淡起来。

同样涉入足球产业的还有权健集团。2015 年，权健先借壳买下一支中甲球队，然后大手笔招纳精兵强将，甚至不惜用打官司的方式，把江苏苏宁队的

① 朱筱然：《万达集团——“轻资产”转型融资需求研究》，《现代商贸工业》，2018 年第 31 期，第 90—92 页。

一悍将招至麾下，之后冲上中超。[①] 后来还收购大连女足 80%的股份……一个只做保健品的企业敢于养一支中超球队，在权健泡沫被捅破前，权健的大手笔曾被媒体津津乐道，作为中国球市投资结构发展转变的例子。

2018 年 12 月，自媒体“丁香医生”在网上曝光权健集团背后所谓保健传销模式，一石激起千层浪，权健足球的命运瞬时被逆转。2019 年 1 月 14 日足协发布公告称，同意天津权健足球俱乐部有限责任公司更名为天津天海足球俱乐部有限公司。按照足球专家、北京社科院研究员金汕分析，接下来权健队已经不仅是更名的问题。参考当年张海的深圳健力宝队和徐明的大连实德队，要么转让要么解散。[②]

中国足球众多问题的根源在于未真正市场化，在依靠惯性前行的过程中，仍可能出现新的“广州恒大”等借势营销的投资者，要真正建立以赛事为中心的机制，创造出对标五大联赛的绩效，尚有漫长的路要走。

［作者：张小刚，中国南山开发（集团）股份有限公司］

① 邓海建：《从权健到无限极还有多少靴子待落地》，《湖北日报》，2019 年 1 月 21 日，第 6 版。

② 林小昭：《老板被刑拘后，投入超 30 亿的天津权健足球队咋办？》，第一财经，2019 年 1 月 7 日，https://www.yicai.com/news/10093885.html。

第八章　足球产业趋势

足球是全球体育产业最大单一项目，产业化的足球运动是世界上产值最高、受众最广泛、影响力最大的体育运动。国际足联数据显示，2014 年世界上约共有 2.4 亿足球运动员，组成 150 万支球队，数量非常庞大，其中的相关从业人员也达 3000 万人左右，其中 2.7 亿人的足球从业大军约占全球总人口的 4%。2018 年全球足球市场调查中显示，阿联酋、泰国、智利、葡萄牙、土耳其、墨西哥、西班牙、南非、意大利及波兰对足球感兴趣和非常感兴趣的人口比例，均高达 67%以上，而在中国市场中就有 1.87 亿人对足球感兴趣，所带来的全球产值更是高达 5000 亿美元，被称为“世界第 17 大经济体”。足球运动占体育产业总产值的 51%，超橄榄球、篮球、排球等其他项目。足球联赛及足球俱乐部在全球体育赛事及团体商业价值排名中均位于前列，国际足球联合会数据显示，世界杯媒体权益收入规模逐渐扩大，2002 年世界杯媒体权益收入规模 12 亿美元，2018 年世界杯媒体权益收入达 30 亿美元。本章主要以全球足球产业趋势、中国体制改革趋势、新兴模式趋势及消费需求趋势阐述足球产业趋势。

一、足球产业趋势

根据 2018 年欧洲五大联赛职业足球俱乐部的商业价值报告，这份报告中俱乐部总收入含有门票收入、球会转会、赞助、转播权等收入，依序为英超球队总收入达到 53 亿欧元，西甲球队总收入达到 29 亿欧元，德甲球队总收入达到 28 亿欧元，意甲球队总收入达到 22 亿欧元，法甲球队总收入达到 16 亿欧元。其中英超的总收入排名强势的原因，主要是电视转播的收入高，所以，未来如何将赛事的商业价值应用于媒体营销和版权的买卖是值得关注的课题。

足球产业经济规模效益的带动主要以赛事为核心，从足球相关产业链来看，是赛事带动产业整体发展。俱乐部为赛事的组成单位，相关产业围绕赛事而形成，所以要研究全球足球产业趋势的本质，可以从全球赛事和俱乐部的组成变化，了解其中的内在规律和产业发展趋势。中国须借鉴全球足球产业趋势引领中国足球产业快速发展，前景十分看好。

（一）足球产业链条逐渐成熟

当前，足球作为高附加价值产业，足球产业已从最初的球员转会交易行为延伸至以赛事为核心的版权、装备、培训、广告、旅游、足球博彩等产业不断交叉融合成为足球全产业链。从足球产业链的角度来说，可以将足球产业链的参与群体分为：管理单位（各级足球协会）、俱乐部（足球球员、教练、投资方）、赞助商、赛事联盟、观众（球迷）、媒体转播、足球彩票以及足球衍生品（与足球有关的商品销售及开发）等八个部分。

在全球足球俱乐部的发展趋势中，俱乐部是足球产业链中最关键的组成部分，由于全球足球商业价值的影响，俱乐部中球员的转会和俱乐部股份的并购在今天非常普遍，并以全球市场化的行为完成。各国家和地区的足球俱乐部，已有序地开展进行各类国际、国内联赛和杯赛，已经有比较成熟的管理模式和市场运作体系。

足球运动中以竞赛表演业为主，因为有强大的观赏性，线下能够吸引众多观众前来现场观赛，在线通过直播技术，打破空间边界，吸引更多的观众观看，带来眼球经济，吸引赞助商，创造了极高的商业价值。

（二）足球经纪与资本流动日趋频繁

职业足球俱乐部是一个向社会公众提供足球竞赛表演服务及相关产品的企业化组织，是自主经营、自负盈亏、自我约束、自我发展的法人实体，同时以足球竞技比赛为主营业务，以利益最大化为主要目的。

职业足球俱乐部球员转会日趋频繁，吸引众多的国际资本投入足球。职业足球俱乐部球员转会主要由足球经纪人来完成，2017 年国际足联颁发营业执照的足球经纪人统计共有 288 人，分布在 35 个国家，其中欧洲最多，英国 47 人，德国 35 人，法国 32 人，意大利 20 人，荷兰 11 人，另外巴西 5 人，美国 4 人，日本 2 人，其余国家相对较少。

一般全球知名俱乐部主要的营业收入可以分为三块：一是比赛日收入，门票、比赛当天销售的饮食品和纪念品等，例如酋长球场一年比赛日收入大约 1.2 亿欧元；二为转播权收入，联赛和欧冠转播权的分成等，欧洲豪门基本上每年转播权收入都在 1 亿到 2 亿欧元之间；三为商业收入，例如企业赞助费、广告宣传费、特许经营权等。而一个优秀的足球俱乐部 50%的收入应该来自比赛的转播权，30%来自商业收入，其余 20%来自门票收入。另外，俱乐部市场开发收入，也有球员转会收入，或引入足球特色小镇的概念，增加其辅助功能产业链上的收入，所以，需要有效地利用足球的元素，拓展俱乐部融资的渠道，帮助俱乐部健康可持续地发展。

上市可以有效地分散经营的风险，提高俱乐部资金的透明度和信用度，带动足球产业的发展。足球俱乐部上市，有助于球迷和支持者了解俱乐部运营状况，使俱乐部资金的流动更加透明化，促使俱乐部在运用每笔资金时，能更加合理和有效，这样的做法，能够让球迷更加放心，更愿意将资金投注在足球产业中。

在国际社会中，市场行为是一般的产业发展规律，是实现资源优化配置的重要方式，当更多的国际资本和资源纷纷投入足球领域，要足球走向产业化发展的时候，我们必须要尊重市场经济，这也是足球产业化分工和专业化发展的必然结果。

二、中国体制改革趋势

2018 年世界杯硝烟刚刚散去，东亚两支球队——日本队和韩国队的表现令人印象深刻，日本队挺进世界杯 16 强，韩国队在世界杯小组赛已经失去晋级悬念的情况下，在最后一场比赛以 2∶0 击败了德国队。反观中国国家队，

2002 年世界杯之后，战绩一落千丈，2013 年中泰友谊赛中国队 1∶5 惨败给泰国队后，中国国家队的境况跌入了低谷。回顾那场比赛，中国国家队在身体素质、运动装备方面完全优于对手，但精神斗志欠佳。国家队糟糕的表现，不仅让球迷心痛，也让国家高层意识到中国足球大变革势在必行。

(一)中国足球体制改革新动态

1.《中国足球改革发展总体方案》

2015 年 2 月 27 日，在中央全面深化改革领导小组第十次会议上，习近平主持审议通过了《中国足球改革发展总体方案》(以下简称《方案》)。《方案》的出台具有重大意义，它不仅体现了中国足球体制改革的总体趋势，同时也是自 1992 年“红山口会议”之后力度最大的一次改革，是中国足球史、体育史上具有里程碑意义的事件。这次《方案》共有 50 条改革细则，涉及足球领域的方方面面，包括中国足球协会、职业足球俱乐部、职业联赛体制、校园足球、人才培养、中国国家足球队和大众足球等，每一条细则都直指中国足球长期存在的症结，彰显出中国领导人对于足球改革的决心。

《方案》涉及的内容虽多，但是其改革意图十分明显，改革方向十分清晰。《方案》的核心要点大致可以总结为以下五个方面：

第一，提出“三步走”战略。此次改革给人最深刻印象的是“三步走”战略，具体而言，在短期，改善足球文化和环境，理顺足球管理体制，制定中长期发展规划；在中期，让国家男足跻身亚洲前列，女足重回世界一流强队；在远期，申办男足世界杯，国家男足进入世界强队行列。

第二，优化足协管理体系。中国足球协会与国家体育总局足球运动管理中心过去是两块牌子、一套人马的组织构架，这使足协的办事效率、组织协调能力受到严重制约。此次改革，针对过去足球体制过度行政化的弊病，按照政社分开、权责明确、依法自治的原则调整组建中国足球协会，使之与国家体育总局脱钩，真正落实办管分离。

第三，改革完善职业足球俱乐部建设和运营模式。主要措施包括优化俱乐部的股权结构、人才结构、制度规范，推动俱乐部的地域化，积极培育稳定的球迷群体和城市足球文化。上述举措目的在于增强俱乐部的自主权，进一步推动中国足球的职业化发展。目前，中国足球俱乐部大多采用企业冠名，其风险在于，一旦企业投资人发生变更，不仅是球队的名字，甚至是球队驻地都会发生变化，而放眼世界其他成熟的体育联赛，俱乐部名称多采用中立名称。同时，驻地一般会长期稳定在一个城市，这样既有利于培养城市体育文化和球迷群体，从长期来看，也有助于俱乐部在当地的可持续发展。

第四，推进校园足球发展。中国足球的发展仅仅关注国家队、俱乐部层面是不够的，在长期，必须不断有青年才俊为中国足球提供新鲜血液，中国足球才能不断发展、进步，而校园足球的推广正是从根源上尝试解决中国足球人才后备力量不足的问题。在发展校园足球的改革细则中，特别提出要增强家长、社会对于足球的认同感，并且加强足球特长生文化课程的教学管理，从更深层的意义上分析，此举一方面缓解了家长对于孩子安全、升学以及就业的顾虑，另一方面，也让喜欢足球的孩子未来的出路更加多元化、更加有保障。

第五，完善投入机制，主要包括成立中国足球发展基金会、加强足球产业开发、加大中国足球协会市场开发力度、鼓励社会力量发展足球等等。此举与去行政化措施是一个硬币的两面，因为，去行政化后，若要完全摆脱政府占主导的财政支持形式，依靠俱乐部自身的力量持续发展，必须使俱乐部在完善的投融资制度体系中，运用多种手段，创造新的盈利方式、吸引社会资金。

中国足球经历过辉煌，也经历过低谷，如今面对重重困境，中国足球的确需要一场“伤筋动骨的大手术”。《中国足球改革发展总体方案》的提出彰显了国家领导层对中国足球的重视，也让国人又一次看到了希望，但足球改革之路任重道远，足球强国的实现也绝不是一朝一夕的事情，因此，中国足球体制改革要做好“持久战”的准备。

2.《关于加快发展青少年校园足球的实施意见》

2015 年 7 月 22 日，在《中国足球改革发展总体方案》出台不到半年后，教育部、国家发展改革委、财政部、新闻出版广电总局、国家体育总局、共青团中央六部门深入贯彻落实党的十九大精神，进一步落实深化教育领域综合改革总体要求和《方案》，印发了《关于加快发展青少年校园足球的实施意见》(以下称《意见》)。

《意见》首先明确了 2025 年建设 5 万所校园足球特色学校、200 个左右高等学校高水平运动队等目标。根据《意见》，校园足球的工作目标是到 2020 年基本建成符合人才成长规律、青少年广泛参与、运动水平持续提升、体制机制充满活力、基础条件保障有力、文化氛围蓬勃向上的中国特色青少年校园足球发展体系。四个具体目标是：普及程度大幅提升、教学改革更加深入、竞赛体系更加完善、条件保障更加有力。

在普及程度大幅提升这项目标之下，更具体的目标是：支持建设 2 万所左右青少年校园足球特色学校，2025 年达到 5 万所。重点建设 200 个左右高等学校高水平运动队。在条件保障更加有力这项目标之下，还有“完成 5 万名青少年校园足球专兼职教师的一轮培训”的内容。

《意见》指出，发展校园足球的重点任务有五项，分别是：提高校园足球普及水平、深化足球教学改革、加强足球课外锻炼训练、完善校园足球竞赛体系、畅通优秀足球苗子的成长通道。其中提到，以普及校园足球示范带动校园田径、篮球、排球等其他体育运动项目发展。此外，还有“从小学 3 年级以上到初、高中学校，要组织班级、年级联赛，开展校际邀请赛、对抗赛等竞赛交流活动”“高校足球竞赛成绩要纳入高校体育工作考核评价体系”等内容。

《意见》还提出了发展校园足球的几大保障措施，包括加强师资队伍建设、改善场地设施条件、健全学生参与足球激励机制、加大经费支持力度、完善安全保险制度、鼓励社会力量参与等。其中提到，“要把足球学习情况纳入学生档案，作为学生综合素质评价的参考。加强足球特长生文化课教学管理，完善考试招生政策，激励学生长期积极参加足球学习和训练。允许足球特长生在升学录取时合理流动，获得良好的特长发展环境。研究完善高校高水平足球队管理办法和招生政策，增加高校高水平足球运动队数量，适度扩大招生规模”。

此次《意见》是对于《中国足球改革发展总体方案》中涉及的校园足球改革的具体补充。从体制机制到发展模式再到具体措施，《意见》为校园足球的发展铺平了道路。

（二）历史上的日本足球体制改革

他山之石，可以攻玉。作为中国的近邻，日本足球职业化改革与中国足球的职业化改革发生于同一时期，但此后二十几年，日本的足球发展却走出了一条与中国完全不同的道路。面对日本足球如今取得的傲人成绩,其中的经验值得中国足球学习和借鉴。

日本足球职业化改革始于 1993 年,一开始,日本足球与中国足球的实力不分伯仲,但日本自从在 1998 年首次进入法国世界杯后,取得了一系列惊人突破,包括男子足球四夺亚洲杯,连续六次进入世界杯决赛圈,而中国足球在此期间,只有在 2002 年韩日世界杯时打进过决赛圈。女子足球方面,日本女足更是在 2011 年世界杯夺冠,日本足球队也因此成为亚洲的超一流强队。

1. 日本足球体制改革的背景

其实日本足球曾经有着和中国足球一样的局面和困境。日本足球在职业化改革之前,政府、企业的过度影响使足球在畸形中发展,没有形成职业化的足球环境,在此背景下,日本仅仅在 1968 年奥运会上获得过一次铜牌,此后的世界大赛上,日本足球再无出彩表现。除了不完全职业化的足球环境,当时日本社会对于足球、对于体育的认同都远远不足。之后日本逐渐意识到了变革日本足球的紧迫,邀请日本足球的传奇人物川渊三郎作为足球改革的领头人。

作为日本足球教父的川渊三郎为了创办日本的职业联赛,曾经独自去欧洲考察过 4 年,在调研过程中,他感触颇深,一是欧洲足球联赛的高度职业化。他认为发展足球首先要创办职业联赛,其次是使职业联赛脱离政府的控制,拥有独立性。二是欧洲社会对于足球文化、对于体育文化的认同。川渊三郎曾经拜访过德国德累斯顿一所学校的足球训练场,他惊讶地发现,在 8 块草坪上,一边是一群孩子开心地踢着足球,另一边是职业球队在进行着训练比赛,就连旁边的篮球场上,也有残疾人摇着轮椅,陶醉于玩耍篮球的快乐之中。[①]而在日本,当时的社会近乎为体育的荒漠,人们一旦离开校园走向社会,就意味着与体育告别了。德国人对于体育、对于足球的热爱让川渊三郎意识到足球改革不仅仅是制度的变革,更是文化的变革,只有当社会中的男女老幼都认同足球、认同体育,足球这项运动才会有大众基础,足球运动员才能受到世人的尊重,进而家长们才愿意让自己的孩子去接触足球运动,去成为一名真正的足球运动员。

① 可参见应虹霞:《日本足球的明治维新》,浙江古籍出版社 2012 年版。

2. 日本足球改革的启示

回顾日本足球的历史，其成功并不是偶然，日本足球的成功建立在制度和整个社会对于足球的热爱和尊重之上。中国足球从制度上讲，也有着自己的职业联赛，有着各式各样的足球学校、足球场地，但其中关键的一点在于，中国社会始终没有对于足球应有的尊重，一旦中国足球没有取得佳绩，媒体以及整个社会舆论就会将国足运动员，甚至所有从事足球运动的球员批评得一文不值，更值得反思的是，在国人的认知中，"万般皆下品，唯有读书高"的理念依旧根深蒂固，纵使有着众多足球学校，家长们仍不认为选择职业足球是一条明智的道路，当然造成这一现象的原因有很多并且也很复杂，但是在中国居民可支配收入大幅增长的今天，这一现状仍没有很大的改观，大部分青少年仍然要为考试挑灯夜战，没有足够的时间进行体育运动，这样的现实难以让中国足球走上世界强队行列。中国足球在未来若想取得更好的成绩，整个社会需要找出上述所有问题的症结，唯此，中国足球才能有光明的未来。

三、消费升级趋势

《2018 中国文化创意产业发展趋势报告》对中国文创产业未来发展趋势进行了初探及预测，在互联互通的背景下，文化创意产业并不局限于文化产业内部的跨界融合，还正在和工业、数字内容产业、城市建设业、现代农业等相关行业跨界融合。在"文化＋科技""文化＋旅游""文化＋金融"模式下，文化产业升级态势明显。企业经营需要不断地适应外部环境的变化，更需要深度挖掘消费者的需求，做出适合消费者的产品和服务。

（一）足球新媒体

由于现在科技的升级和创新，人们以往接受信息的方式有了极大的转变，从以前的电视、收音机、报纸杂志等传统媒体方式获得信息，转向了以终端的消费者使用的智能手机为主，研发了 App 等各类信息平台，接收信息的方式打破了空间和时间的限制，平台更以大数据方式精准推送消费者感兴趣的内容，节约了消费者的浏览成本，增加了消费者用户体验的好感度。由于消费者接收信息习惯的改变，新媒体平台的快速增加，除了足球赛事相关的直播与视频，足球产业另衍生出真人秀、网络小说、网剧等新内容形态，新媒体足球产业会成为新的消费市场。根据尼尔森统计数据，2018 年中国球迷通过手机或平板电脑观看世界杯足球赛人群比例达 35%，位居世界第一，远超排名第二的印度球迷通过手机或平板电脑观看世界杯人群比例 28%，可见各国球迷在移动客户端的使用比率愈来愈高。根据中国中央电视台对外发布的 2018 年世界杯报道跨屏收视情况，2018 年足球世界杯相关内容触及人数达到 278.5 亿，再加上优酷和咪咕平台的公开数据，2018 年世界杯总触及观众人次超过 300 亿人次，其中在优酷平台的互联网观众人数达到了 1.8 亿。足球类新媒体懂球帝 App，注册用户已超过 4000 万户，其中 18—35 岁的用户占比达到 66.15%，在 2018 年世界杯期间，懂球帝 App 日活跃峰值接近 1100 万，平均每人每日的打开频次是 8—12 次。

(二)电竞+足球

电子竞技运动就是利用电子设备作为运动器械进行的人与人之间的智力对抗运动。通过运动，可以锻炼和提高参与者的思维能力、反应能力、心眼四肢协调能力和意志力，培养团队精神。从足球产业发展角度，我们发现足球电子竞技将会是下一轮新的市场爆发点，2018 年有多个国家及职业俱乐部宣布涉足电子竞技领域，增加俱乐部和球员的收入。

美国职业足球大联盟在 2018 年 1 月宣布进军电竞联赛；欧洲豪门俱乐部的曼城、曼联、罗马等也透露涉足电子竞技领域，西甲联赛宣布发起 LaLiga-eSports 电竞联赛，未来将推出一系列电子竞技计划，加深与青少年一代的互动和影响力。在我国，通过“体育+电竞”的发展模式，腾讯电竞和 FIFA 品类，带给传统足球和游戏行业诸多的改变和影响，并得到了来自传统体育的强力支持。例如：山东鲁能俱乐部为了培养出色的电竞人才，在虎牙直播大力举办电竞队选拔赛，成为中超众多豪门当中在电竞赛场投入最多、涉入最深的俱乐部。Newbee 电竞俱乐部，是 FIFA 品类职业化后第一家成立的中国的俱乐部，并且自成立起就包揽了中国所有该项目赛事的冠军。2018 年世界杯年，Newbee 破天荒地以 FIFA 品类电竞元老为班底组队，一举获得 FIFA 品类电竞世界杯总冠军。FIFA Online 4 则将会陆续推出多种模式，包括生存模式、抢分模式、头球 & 凌空射门模式、无规则以及远射模式，进一步提升玩家的足球体验。

（三）足球特色小镇

在我国体育消费内生需求旺盛和国家实施体育强国战略的背景下，发展体育产业是当前经济形势下的理想选择。体育产业将成为我国经济发展的新蓝海，体育小镇成为扩大体育产业经济规模的有力推手。

体育特色小镇有以下四个特征：第一，小镇的体育产业特色鲜明，有完整的产业支撑体系，能有效融合金融、健康、文化、互联网等元素，将新型城镇化、旅游目的地和体育产业链相整合；第二，体育特色小镇建设规模小，形态美，一般特色小镇会依托自然环境优美和人文底蕴深厚的地区，需要注重生态环境保护，落实绿水青山就是金山银山的理念，助力经济社会健康可持续发展；第三，小镇功能聚合度高，专业性强，注重三生融合和四位一体，三生指生活、生态和生产，四位一体指坚持产、城、人和文，以体育＋旅游的业态，助推经济社会的发展；第四，小镇特有的运营和开发机制，敏捷灵活，需要多元主体来运作，利用以政府产业政策引导、市场经济主导、企业为主体的开发运营机制。体育特色小镇的发展符合全球趋势、国家战略，契合供给侧结构性改革，吻合居民消费结构升级，是促进体育与健康生活方式融合，引领体育产业发展、拉动内需和形成新的经济增长点的载体和平台，将推动体育休闲产业从传统观赏型旅游向体验式旅游转变。

以足球运动为核心，集运动休闲、娱乐、健康、旅游、教育培训等多个功能于一体的特色小镇正在蓬勃发展。在阿根廷、英国、西班牙等足球发达的国家，就有很多的俱乐部坐落在小镇上，俱乐部的名称更以小镇的名称命名，充分地融入当地的足球文化和当地小镇特色，通过当地足球俱乐部的基础设施建设，建立青少年梯队制度培训，不仅培养大量的金字塔储备足球运动人口，还通过在当地举办各类足球赛事，带动了当地的经济发展，推动了运动观光、会展培训及文化创意等产业的繁荣发展。

北京槐房国际足球小镇位于北京市丰台区南苑乡槐房村，地理位置十分优越，政府使用绿化隔离用地和废旧厂房大约2200亩的土地，以建设全生态国际足球特色小镇为目标。足球特色小镇涵盖大众体育、足球竞技、冰雪休闲、生态节能等功能。小镇将建设成北京市第一座专业足球场地，向大众开放的足球场地可由退役球员承包经营，也可向租场踢球的业余球队提供职业化的教练员、裁判员等，以此解决退役足球运动员就业问题，充分利用以足球的元素，拓展足球相关产业链业态的健康可持续发展，例如会议中心、广场、博物馆及风景区等。小镇另一特色体现体育公益性，民众可以免费使用足球场地，小镇的可持续自我造血的发展是通过足球培训、赛事和教育来发展高附加值服务业，形成良性的互动循环体系，创造出具有全球特色的足球产业链和足球集聚区，堪称“足球共享经济”综合体。

（四）足球文创电商

随着渠道平台崛起、商品服务丰富，中国进入消费新时代，以消费者为中心，重新定义产品组合，重新构建生产、销售和服务的逻辑链条。麦肯锡2018年2月5日发布了《“双击”中国消费者》年度报告，指出中国消费者有四个趋势：一是消费者对经济前景以及自身消费力充满信心，达到10年最高；二是消费者比以往更加注重健康的生活方式；三是90后消费者正成为消费新引擎；四是消费者对品牌及归属地的认知更细致，本土品牌受青睐。

现代文化创意产业是一种在经济全球化背景下产生的以创造力为核心的新兴产业，近年来得到空前发展，文化创意产业在世界上经济科技发达国家已占国内生产总值的15%到35%，成为国民经济的支柱产业或主导产业，并在技术创新和商业模式创新的大背景下，传统媒体的收入只有广告，但互联网红利不是来自广告而是来自电商，文创电商的概念和发挥的作用在文化产业中所占的比例越来越大。

文创电商轻奢化成为新的趋势，因为愈来愈多的体育消费者通过新媒体平台浏览各类信息、购物、沟通交流，在当今新媒体传播和消费者使用习惯的影响下，未来足球产业的蓬勃发展一定离不开电商平台。消费者可以通过直播、转播、短视频及图文等方式了解足球运动的新动态，生产内容企业可以结合互联网大数据技术有效推送消费者需要的文化产品和服务，优化足球供应链，提供更便捷的消费方式，有效解决消费者的痛点，消费者边看足球、边互动、边消费的时代来临，创造了新的消费新趋势，产生新的经济增长点。

（作者：孙中源，北京外国语大学；陈文成，北京大学）

第九章　世界重要赛事专题

自雷米特在 1921 年当选国际足协主席并提议举办世界性足球大赛设想之后，1924 年的巴黎奥运会率先举行国际大赛，1930 年世界杯足球锦标赛正式举办。除了世界杯男子足球比赛外，当前具有世界性影响力的赛事还有奥运会足球比赛、欧洲足球锦标赛、国际足联联合会杯足球赛、世界青年足球锦标赛(世青赛)、世界俱乐部杯赛、欧洲冠军联赛、世界女子足球联赛、美洲杯足球赛、国际足联五人制足球世界杯赛等等。体育运动的美妙与商业广告合二为一，球赛成了一种高效的广告媒介，是成功的商业模式。正是在国际足联的运作下，“世界杯产业”已逐渐成为让全世界疯狂的运动。足球赛事从商业赞助、赛事转播、球衣球鞋、旅游，到衍生品开发、销售、票务……在商业世界中，足球不再是一颗小小的皮球，它串起的是一整条产业链，在这条产业链上的每个环节都蕴含着无限商机。

一、世界杯男子足球比赛

世界杯足球赛与奥运会、世界一级方程式锦标赛(F1)并称全球三大赛事，是世界上最受欢迎的体育赛事之一。世界杯是全人类共同的节日、是全球球迷的狂欢节，世界杯受关注程度极高，比赛期间吸引众多资本投资世界杯及周边产业，既是足球的盛宴，也是资本的狂欢。世界杯的成功，根基在于各国足球产业的持续推动。

(一)世界杯的一般情况介绍

国际足联 1928 年在荷兰首都阿姆斯特丹举办会议,决定以后每 4 年举行一届世界足球锦标赛,赛事最初叫作世界足球锦标赛。自 1930 年至 2018 年(1942 年和 1946 年因世界大战而中断)世界杯已举办 21 届,获得过冠军的有 8 个国家,其中巴西 5 次、意大利 4 次、德国 4 次、乌拉圭 2 次、阿根廷 2 次、法国 2 次、英国 1 次、西班牙 1 次。

1. 世界杯的扩张

世界杯自举办以来,扩张的脚步始终没有停止。1930 年,第一届世界杯在乌拉圭举办时,只有 8 支队伍,欧洲列强嫌路途遥远,只有 4 支球队参赛。1934 和 1938 年,世界杯移师意大利和法国,队伍扩大到 16 支,美洲诸队也因为要乘船长途旅行而表示不满,阿根廷和乌拉圭两大劲旅甚至直接弃权。此后为了平息争议,世界杯一直是由欧洲和美洲大陆轮流坐庄。进入 21 世纪以来,情况有了变化,2002 年的韩日世界杯是这项赛事首次来到亚洲,2010 年南非成了首个举办世界杯的非洲国家,2018 年的俄罗斯世界杯队伍扩大到了 32 支,国际足联将足球的版图扩展到世界的每一个角落。2022 年的卡塔尔,更是将开创世界杯在冬季举办的先河。世界杯主办国越来越多地出现在了非传统足球强国,倒并不是说欧美国家对它热情不再,更多是国际足联出于扩展足球疆域的考虑。

在这个扩张的过程中,国际足联对于新加入的队伍始终保持着积极的态度。国际足联的世界杯总奖金高达 4.2 亿美元,只要打进世界杯,球队就可以获得 800 万美元的奖金。每晋级一场比赛,参加球队还将获得以几何倍数增长的奖金,在世界杯期间受伤的球员甚至可以获得国际足联的医疗款项报销。① 这些奖金,来自成功的商业运作。

2. 世界杯是国际足联的主要营销手段

世界杯由各国组织本国最高水平的球队参赛,有巨大的观众群体,通过

---

① BAI Fund:《世界杯是怎么赚钱的?》,BAI 资本微信公众号,2018 年 6 月 14 日,http://www.ebrun.com/20180619/282692.shtml。

门票、电视转播权、赞助、交易而获得巨额经济收益。世界杯以其巨大的魅力，吸引着全球球迷参与其中，最直观的表现是世界杯期间相关电视节目收视率飙升。2014 年巴西世界杯期间，仅从我国电视端观赛情况来看，短短一个月内超过 7.9 亿观众通过央视观看世界杯赛事和相关节目，累计收视时长超过 34 亿小时。[①] 另 FIFA 财报显示，2014 年巴西世界杯，国际足联支出约 20 亿美元，主要包括冠军奖金、赛事组织、电视转播设施等方面的花费。但是收入 48 亿美元，其中转播版权收入达 24.28 亿美元，占比高达 50.58%，这一数字是 1998 年法国世界杯转播费用的近 10 倍。[②]

通常认为，国际足联的收入属于"721 阵型"：包括世界杯在内的各项赛事的媒体版权，构成国际足联 70%的收入；商业赞助等市场经营，构成 20%的收入；剩余 10%的收入，是门票以及特许经营商品的销售收入。[③] 这种商业模式的形成，与 1994 年美国世界杯的关系密不可分。时任国际足联主席的阿维兰热，成功说服了阿迪达斯和可口可乐成为世界杯的赞助商，并且成功出售了世界杯的转播权。如今，世界杯最显而易见的收入主要分为三大块：转播费、广告赞助和门票。例如，根据国际足联的财报，在整个 2014 年巴西世界杯周期内（2011—2014 年），国际足联获得总收入 48 亿美元，净赚 28 亿美元，其中，仅赛事电视转播权就卖出了 24.28 亿美元，赞助费进账 15.8 亿美元，门票收入约为 5 亿美元。[④]

（二）世界杯产业的内在驱动机制

世界杯之所以有巨大的影响力，得益于"球队＋球星＋赛程"三个方面的

---

① 陶冶：《社会服务专题报告一：世界杯整装待发，共迎足球盛宴》，《财通证券研究》，2018 年 6 月 5 日，https://mp.weixin.qq.com/s?_biz=MzUxOTUxMDAyNA%3D%3D&idx=1&mid=2247485822&sn=c1d9b3df1c9f2e87dc25482afd0b1484。

② 世界杯经济学：《国际足联成大赢家 概念股受关注》，《国际金融报》，2018 年 6 月 4 日，http://finance.sina.com.cn/stock/marketresearch/2018-06-04/doc-ihcmurvh1941038.shtml。

③ 颜强：《财经观察家，世界杯狂欢，谁的摇钱树?》，一股清泉文化传媒公众号，2018 年 6 月 22 日，https://mp.weixin.qq.com/s?_biz=MzUzNjExOTk2NA%3D%3D&idx=1&mid=2247487402&scene=45&sn=5dde9266755418d26e5a6452c3a8a048。

④ 《为什么世界杯人见人爱，奥运会无人接盘?》，爱范儿，2018 年 6 月 18 日，http://tech.ifeng.com/a/20180618/45029147_0.shtml。

共同作用。从收视率较高的比赛场次来看，拥有大量球星的强队，同时赛程靠后的比赛通常能获得更大的关注度。如 2014 年巴西世界杯德国对阵阿根廷的总决赛，收视率高达 5.59%。在相同赛程的比赛中，拥有大量球星的场次能获得的关注度更高。

作为大文化产业中的体育，世界杯中的什么元素让各国人民付费，这是国际足联成功运作世界杯的核心动力。这个核心，就是世界杯从一开始就宣扬“民族主义”。与倡导运动精神呼唤爱的奥运会不同，国际足联对政治意味始终保持暧昧的态度。足球运动变成“民间战争”的延续，成为构建族群身份认同的方式，成为民众站队选边的表达途径。例如：一战期间，英格兰、苏格兰、威尔士等地足协，曾退出国际足联用以表达对于德国的抗议。用足球代表国家，成为表现“民族主义”的传统，一直延续至今。在世界杯的历史上，由足球引发的各种国际矛盾比比皆是。国际足联选择了“民族主义”作为商业价值观治理的抓手，让民族主义与体育运动巧妙结合形成“世界杯”足球文化。这种文化，可以方便地将民族主义进行商业化处理，它是推动着全球民众不断参与“世界杯”运动的核心动力。

“民族主义”让世界杯始终不乏“人气”，将“人气”转化为“金钱”的则是进一步的商业化处理。构成国际足联收入“721 阵型”的三大块——转播费、广告赞助和门票，都立足于“人气”的广告效应。转播费的成立，立足于现代传媒业广告收入的需求，与世界杯直接的广告赞助本质上是相同的，只不过国际足联通过转让的模式，与广告传媒业构成了利益共同体。

与其他体育比赛相比，广告传媒业更加青睐足球的比赛模式。例如美国的橄榄球、篮球比赛，上下半场，半场两节，一节 12—15 分钟，每看几分钟比赛就要插入几分钟的商业广告，这个节奏让真正观赏体育运动的时间，甚至不如商业广告的时长。在世界杯比赛或是其他足球联赛中，足球比赛上下半场是连续的 45 分钟，商业广告的时间被限制并且集中在了半场休息时段，品牌商已经习惯了这样的模式。品牌广告更重视比赛进行时中球场边的展示，每过一段时间，广告会在球场边上翻转一圈展示，有的广告，则在球员身上通过球衣展示。从这个角度说，足球比赛不仅仅是一个好产品，还是一种更好的商业模式。因为在这个广告泛滥的年代，现代人已经对商业广告越来越麻木。与“被迫”地观看广告相比，品牌商广告是伴随着足球比赛变化、精彩动作发生的那一刻的，广告并没有成为很碍眼的东西。体育运动的美妙与商业广告合二为一，球赛成了一种高效的广告媒介，是成功的商业模式。

利益共同体的形成，对于承办世界杯的国家也是乐见其成的。举办世界杯这种比赛，前期筹备需要投入巨大的人力和财力。尽管看上去十分费钱，但这是一个硬币的两面，例如，俄罗斯副总理阿尔卡季·德沃科维奇曾表示，世界杯足球赛的准备工作，在过去5年中给俄罗斯经济带来了140亿美元的贡献，约占该国GDP的1%。从筹备世界杯以来，俄罗斯已创造大约22万个就业岗位。[①]

以"民族主义"与体育运动相结合，通过赛事矛盾释放社会压力，吸引人气不断聚焦，进而引入广告传媒业的进入，并带动区域经济的发展。参与者从精神到利益都能获益，这是世界杯产业的内在驱动机制。

（三）世界杯商业模式

当前的世界杯产业，已经形成比较成熟的商业模式。同时，面对互联网的发展，它也在不断进化与发展。

1. 多级的赞助商模式

现有的世界杯商业模式是由阿维兰热塑造的。阿维兰热1974年一经上任，便找到了国际足联的第一家合作伙伴：阿迪达斯。阿迪达斯为国际足联的赛事赞助了全套的运动装备，而且特别制作了比赛用球。随后的1978年，可口可乐则成为国际足联第二家合作伙伴。到2018年，国际足联已构建了全球、世界杯与地域等三级赞助商模式。

国际足联的三级赞助商级别，拥有不同的权限和价格，对应着不同的广告效果，其中，一级赞助商和二级赞助商由国际足联直接招商。一级赞助商是国际足联的全球合作伙伴，其标志将出现在所有国际足联组织的大型赛事中，不仅局限于世界杯。在2018年，一级赞助商的赞助费约为1.8亿美元（约合11.55亿人民币），中国的万达集团选择了这个级别的赞助，出现在2018年俄罗斯世界杯比赛中。二级赞助商是世界杯赞助商，可以跟随世界杯做全球

---

① 《世界杯经济学：国际足联成大赢家 概念股受关注》，《国际金融报》，2018年6月4日，http://finance.sina.com.cn/stock/marketresearch/2018-06-04/doc-ihcmurvh1941038.shtml。

同步推广，但仅限于世界杯和联合会杯的相关商标。中国的 vivo、蒙牛、海信都是这个级别的赞助商。三级赞助商由各个区域的代理来招商，中国的雅迪集团、指点艺境、帝牌分别支付了 2000 万美元的赞助费(约合 1.3 亿人民币)。

对企业而言，财力有限，并不是不能借力世界杯的广告机遇。其实对于大多数国内球迷来说，坐在家里看世界杯才是主流。国际足联通过电视转播费的收取，将区域的观赛广告权益让渡给了传媒业。区域企业在世界杯期间投放适合自身需求的广告，让电视转播的利润空间非常可观。2018—2022 年国际足联的各项赛事版权目前都在央视手中。2014 年的巴西世界杯，央视没有分享直播版权，单靠广告收入就已经超过 15 亿元。

随着互联网介入民众生活，年轻人不再有收看电视的生活习惯，获得区域转播权的传媒企业，如何通过互联网实现收益，是一个新的课题。例如 2018 俄罗斯世界杯期间，央视与阿里体育的优酷、中国移动的咪咕视频战略合作，开启转播收入模式的互联网转型。

2. 全面知识产权保护

为保障赞助商的权益，国际足联进行了全方位的知识产权保护。通过国际足联的官网可以看到，每一场赛事及其相关活动的附近都会看到“TM”的标识。国际足联对于从吉祥物、赛事标识、奖杯图示到比赛用球，全面进行知识产权的保护。

3. 完整的周边产品开发

国际足联非常重视产业链的延伸，国际足联不但开发邮票、纪念币、吉祥物等传统周边产品，而且很早就涉足游戏产业，国际足联授权 EA 制作发售的 FIFA 足球游戏，为双方带来不小的收入。对于在世界杯期间表现欠佳的国家队的球迷，心中的“民族主义”情绪，终于也可以在虚拟的世界中尽情释放。

二、欧洲足球锦标赛

“欧洲杯”是欧洲足球锦标赛(European Football Championship)的简称，也可以简称为“欧锦赛”，是一项由欧洲足球协会联盟举办的赛事，范围局限于欧洲足协成员国，它是唯一可以与世界杯媲美的足球赛事。

(一)欧洲杯产业的影响力

欧足联于1954年6月15日成立,从1955年起就开始举办欧洲俱乐部冠军杯赛,1956年,开始筹备举行由欧洲各国国家队参加的比赛。两年后,第一届欧洲国家杯(欧洲杯)资格赛开始进行,1960年举行第一届,后每4年举行一届,已举办15届。发展到2018年,欧洲杯已从创办之初决赛周的4支球队,扩大到24支。

欧洲杯的经济影响力不仅限于欧足联,承办欧洲杯的东道主同样能够借助欧洲杯来带动当地经济发展。以2016年承办欧洲杯的法国为例,法国有7座最大的城市都承办了本届欧洲杯赛事,有三分之一法国人的生活与欧洲杯产生了交集,小组赛期间每支球队会在3个不同的城市进行比赛,整届杯赛的现场观赛人数将达到250万,有将近150万的外国游客将会来到法国,超过90亿人次观看了欧洲杯的赛事,每场比赛的平均电视观众将超过1.5亿人次,120多家电视台对比赛进行转播,覆盖超过200个国家与地区。法国的各大城市因为欧洲杯,其餐饮业、旅游业、交通业都得到了极大的刺激。2016年的欧洲杯,给法国带来超过13亿欧元的经济收入。各球场的建设及翻修工程为人们创造了2.6万个就业机会,让2.8万名法国人找到了工作。①

(二)欧洲杯产业的主要构成

欧洲杯的巨大收入从何而来?电视转播、广告赞助、门票收入、旅游住宿……为欧洲杯获得最大收益。其中,占据大头的是电视转播和商业赞助。

1. 商业赞助

欧足联在欧洲杯上,对顶级赞助商的选择是十分谨慎的,他们对合作方的气质与实力都有着相当严格的要求和足以让众多商家望而却步的高门槛(商业赞助费)。全球性品牌企业之所以选择携手联姻欧洲杯,当然离不开欧

---

① 《欧洲杯不止是球赛,还是场商业盛宴》,澳客网,2016年7月13日,https://www.toutiao.com/i6306692641861927426/。

洲杯自身别具一格的影响力。2012 年欧洲杯比赛电视收视率在各参赛国超 70%，球场上座率高达 98%，决赛收视人数更是达到 2.5 亿；2016 年欧洲杯平均每场观看直播的观众达 1.47 亿人次，累计观众将达 66 亿人次，仅中国就有 12 亿人次收看比赛。覆盖的国家和地区超过 200 个。

2008 年欧洲杯全球顶级赞助商(即 UEFA EUROTOP 伙伴)有嘉士伯啤酒、JVC、可口可乐、现代起亚、万事达和麦当劳；二级赞助商有大陆(马牌)轮胎、佳能、嘉实多、阿迪达斯和 BenQ；瑞士和奥地利两个东道国还有瑞士 UBS 银行、瑞士电讯、奥地利电讯和邮政银行等 8 家本土赞助商。

2012 年欧洲杯有 9 个全球顶级赞助商，分别是可口可乐、麦当劳、阿迪达斯、嘉士伯啤酒、现代起亚汽车、嘉实多润滑油、ORANGE(橙)电信、夏普、佳能。其中，欧洲本土品牌 4 个，美国品牌 2 个，亚洲品牌 3 个。

2016 年欧洲杯全球顶级赞助商有阿迪达斯、嘉士伯啤酒、可口可乐、马牌轮胎、现代起亚汽车、法国电信运营商 Orange、阿塞拜疆国家石油公司 SOCAR、土耳其航空、麦当劳以及中国海信等。中国海信是欧洲杯设立 56 年以来所迎来的首个中国顶级赞助商。

2. 赛事转播

据欧足联官网统计：2008 年欧洲杯的转播权收入高达 8 亿欧元。考虑到世界杯有 64 场比赛，而 2008 年欧洲杯仅有 31 场比赛，欧洲杯的含金量显然比世界杯还要高。2012 年欧洲杯虽然遭遇了欧债危机，但电视转播收入仍然达到了 10 亿欧元。2016 年欧洲杯转播权的总标价更是高达 12 亿欧元。

利用全球顶级赛事做体育营销，是企业走向国际化的捷径，这已是广泛共识。国际营销报告公司(IMR)编辑西蒙·莱因斯认为，无论赛事结果好坏，只要品牌能与国家队、赛事本身产生关联，就会带来许多好处。权威数据也证实，企业品牌每提高 1%的知名度，需要投入 2000 万美元左右的广告费。如果是借助大型体育比赛，特别是国际性的、拥有众多粉丝的大型体育赛事，那么投入相同的广告费用，产生的效果至少可以提高 10%。如此，赞助商品牌将大大缩短在全球市场的推广时间，为企业带来可观的利润和发展空间。

此外，创造就业也是欧洲杯的显著贡献之一。以 2016 年欧洲杯为例，法国在本届赛事的体育场馆建设方面投入了 17 亿欧元。公开数据显示，2015 年法国经济的增速仅约 1.14%，失业率在 10%左右，年轻人失业率更是高达

25%。而本届欧洲杯涉及的场馆建设及翻修工程带来了2.6万个就业机会，相关的旅游、餐饮、治安、信息科技领域也带来了2.8万个就业机会。被奉为经典赛事营销专家的阿迪达斯2016年欧洲杯在提供专业用品以外，还推出"欧洲杯同款"的企划，在开赛之前国内各大专柜已经开始售卖欧洲杯比赛专用球，标价1299元一只，普通纪念版足球299元一只，明星款球衣最便宜也要599元，球星款球鞋"16.1"款标价1499元。虽然价格不菲，但球迷仍然买账，热门球队和球员的周边衍生品甚至出现"一货难求"的火爆场景。

借用南非前总统曼德拉的话"体育拥有改变世界的力量"。体育产业链涉及众多领域，在欧洲杯如此庞大的数据和巨大影响力的刺激下，企业自然是摩拳擦掌，加大力度，企图尽早占领市场。

三、欧洲冠军联赛

(一)欧洲冠军联赛的由来

欧足联官网显示：1955年5月21日欧洲足球执委会在瑞士召开会议，决定举行——欧洲大部分俱乐部提议的各国联赛冠军参赛的足球杯赛。欧洲足联将亲自组织这项赛事，并将赛事定名为欧洲足球俱乐部冠军杯。1992/1993赛季，欧足联将该赛事更名为欧洲冠军联赛，并沿用至今。

(二)欧洲冠军联赛的改制历程

从创建开始至今，欧洲足球冠军联赛无论在参赛对象、参赛队数、赛事名称、赛制、赛事规则等各方面，始终没有停止改制的步伐。刚开始的时候，改制的目的仅仅是避免强队提早出局，使赛事鸡肋并带来财务危机。而后的改制目的就是不断增加参赛队数、比赛场次、赛事周期来提高赛事影响力和参赛球队的经济效益，获取更多的经济利益。现在以及今后的改制目的将更加强调赛事的高质量、高水平、高参与度、高收益等方向发展。随着科技的发展，在赛制、赛事规则方面的改制将更加细化、规范。这种严谨、多样、持续不断的改制使得欧洲冠军联赛的影响力不断提高，赛事主体的经济效益不断增加，产业规模不断扩大，产业链不断得到完善。

欧洲冠军联赛在创建初期只面向欧洲各国联赛冠军，采用主客场淘汰赛，1992/1993 赛季开始增设小组赛，随后持续进行改制。参赛对象采用指数计算对过去五年内各联赛俱乐部在各项国际或欧洲赛事上的表现进行排名，从而形成了择优的准入制度，不再局限于各国联赛冠军。在赛制上，目前欧洲冠军联赛分为预选赛（共 3 轮）、附加赛、小组赛（小组赛阶段由 32 支球队分成 8 个小组进行，采用主客场双循环）、淘汰赛（小组赛 8 个小组的前两名进入淘汰赛，直到决出冠军）四个阶段。淘汰赛采用主客场制，决赛在赛季前确定的球场进行准入制度和赛制的完善，保证了决赛阶段（小组赛与淘汰赛）的参赛球队具有较强的竞技实力和影响力，从而保证欧冠的影响力持续提高，为实现参赛主体利润最大化的目标做铺垫。

（三）欧洲冠军联赛的营销模式

欧洲冠军联赛创建初始就在电视转播、商业赞助、门票等经营权方面做了规定。随着联赛持续的改制，在经济效益和利润分配方面的规定更加合理、超前。这也是联赛影响力持续扩大，经济收益逐年增长的重要因素。甚至世界杯、欧洲杯在这方面也丝毫不占优势。

在经营管理方面，欧冠联赛在欧足联的监督下，由独立的公司（TEAM）全权负责运营，这也是欧冠联赛成功的关键因素。TEAM 公司，甚至细致地强调了广告空间的大小、摄像机的位置安排、主题曲的播放时间、采访时的背景板的内容以及摆放位置等细节。它的许多措施都领先于国际赛场，被联盟所采用。

1. 电视转播

在电视转播方面，欧冠采用集中出售电视转播权的模式，但集中出售模式涉嫌违反欧盟竞争法。经过协商，2002 年 6 月，欧盟同意了欧足联集中出售电视转播权的模式，但必须将所有比赛转播权“分包”出售，合约期也缩短为三年，并且各参赛俱乐部也将拥有参与开发的部分权利，但核心赛事的电视转播权仍属于欧足联。电视转播权集中出售模式的盈利能力超越了原有的单独出售电视转播权模式，为欧冠赢得了巨额收益。欧冠每个周期的商业价值都在不断地攀升，在 2003/2004—2005/2006 赛季周期，其单赛季收入约为 6 亿欧元，而到了 2012/2013—2014/2015 赛季周期，单赛季收入达到了 14 亿欧元，是十年前的 2.3 倍。其中电视转播收入占比近 80%，达到了 11 亿欧元。

2. 商业开发

在商业赞助开发方面，欧足联在 1992 年改制时，即保证仅有有限的赞助商获得赞助权利，体现了高排他性，同时设定最高每届可有 8 个赞助商，而且每个赞助周的合同都是长期的，一般是 3 年。欧冠可从赞助商得到巨额的收入。赞助商也将在欧冠赛事中得到丰厚的回报：球场广告牌的使用权，一定数量的门票和贵宾席位，欧冠的商标使用权等。欧足联不能再与赞助商的竞争对手签订赞助合同。

3. 经营收益分配

欧足联将欧冠的经营收入分为两个部分进行分配。来自电视转播权和商业赞助收入的 75%分配给参加欧冠联赛的各个俱乐部，剩下 25%的收入用于自身的营运成本和相关协会、联赛和俱乐部的“团结资金”(solidarity payments)(主要用于青少年发展计划)。并且规定，超出 5.3 亿欧元的部分，将其中的 82%支付给所有参赛俱乐部，剩余的 18%将用于欧洲足球发展。以 2013/2014 赛季为例，按照上述分配方式，最终 22.6%的部分由欧足联支配，其中 10.1%的资金用于欧冠联赛的运营，9.5%的资金用于欧洲足球的发展；另外 77.4%的经营收益被分配给参赛俱乐部，这其中进入决赛阶段的 32 支俱乐部分到了 65.9%的收益。因此，从经营收益的总体分配可以看出，欧足联的分配制度较为细致、全面，相关协会、俱乐部都能够共享收益，甚至因为欧冠而调整赛程的俱乐部都能够分到一定的补偿金。

在参赛俱乐部奖金的具体分配方面，欧足联将其中 55%的数额用以固定奖金分配，另外 45%的数额则用于电视转播收益分配，即通常所说的市场池奖金。2015/2016—2017/2018 赛季周期，固定奖金和市场池奖金的分配比例调整为 60%和 40%，以此缩小各球队间的收入差距。

4. 赞助商权益保障

欧足联为保障赞助商的权益最大化，体现出了高排他性。通过全欧洲统一的开球时间，严格的电视转播规则，以及规范的大众媒体传播方式，提高整个欧洲竞赛的品牌特征，而赞助商借助欧冠联赛宣传自己的品牌效应也不断加强。在欧足联的监管下，欧冠联赛公平的电视转播权竞争方式，为欧冠联赛在欧洲乃至全世界的传播做出了突出贡献，同时也为欧足联各俱乐部带来了足够的经济利益。欧冠联赛科学正确的商业管理模式在保证联赛健康有序运行的情况下，为俱乐部、赞助商、欧足联带来了巨大收益，并且确立了自己全球影响力的地位。

总体分配方面，欧冠除将收益分配给参赛俱乐部外，对欧足联的相关足球机构都有不同程度的资金支持，特别是对欧洲足球的发展给予了雄厚的经济资助。对于欧冠联赛，高额的奖金保证了欧冠联赛强大的吸引力和影响力，使得欧冠联赛得以持续发展。在参赛俱乐部收益分配方面，通过固定奖金和市场池奖金的形式，既保证了实力相对较弱的参赛俱乐部的经济收益，又有效地为实力强劲的俱乐部争取优异成绩和高额奖金提供了动力。因而，收益—投资—收益的循环模式，保证了欧冠联赛的竞争力和全球范围内的影响力。

四、我国的赛事赛制

现代足球由欧洲传入中国，在中国曾有过短暂的辉煌，1915 年到 1934 年，中国获得了远东运动会的九连冠；1936 年、1948 年两次入围奥运会。我国在 1994 年拉开足球竞技职业化的大幕，即我们所熟知的甲 A 联赛。伴随着职业联赛、职业俱乐部的诞生，为了满足市场的需求，围绕足球运动产生了一系列的商业化活动，自此中国足球逐渐走向上了产业化道路。

（一）我国足球主要赛事

1. 男子

中国足球协会杯、中国足球协会超级联赛、中国足球协会甲级联赛、中国足球协会乙级联赛、中国足球协会会员协会冠军联赛、全国青少年男子足球超级联赛、“我爱足球”中国民间争霸赛。

2. 女子

中国足球协会杯赛、中国足球协会女子足球超级联赛、中国足球协会女子足球甲级联赛。

3. 五人制

中国足球协会室内五人制足球超级联赛、中国足球协会室内五人制足球甲级联赛。

(二)我国足球主要联赛赛制

目前中国足球职业联赛分为,中国足球协会超级联赛、中国足球协会甲级联赛和中国足球协会乙级联赛三个等级。在中国各大足球职业联赛中,中超拥有中国大陆地区最优秀的职业足球俱乐部参赛,是全国最高水平的足球职业联赛。

1. 中国足球超级联赛

中超联赛是由中国足球协会组织,由中国最优秀的职业足球俱乐部参加的全国最高水平的足球职业联赛。该赛事始于 2004 年,前身是原中国足球甲级 A 组联赛。中国足球超级联赛赛制采取主客双循环赛制比赛,每支队伍与各球队对赛两场,主客各一场。中超联赛决定名次办法:

(1)每队胜一场得 3 分,平一场得 1 分,负一场得 0 分。

(2)中超联赛结束,积分多的队名次列前。

(3)如果两队或两队以上积分相等,依下列顺序排列名次:①积分相等队之间相互比赛积分多者,名次列前;②积分相等队之间相互比赛净胜球多者,名次列前;③积分相等队之间相互比赛进球数多者,名次列前;④积分相等队在当年中超联赛全部比赛中净胜球多者,名次列前;⑤积分相等队在当年中超联赛全部比赛中进球数多者,名次列前;⑥全年比赛红黄牌扣分少者(不包括纪律处罚),名次列前;⑦以抽签的办法决定名次。

2. 中国足球协会甲级联赛

简称中甲联赛,是由中国足球协会组织的中国足球职业联赛的次级联赛,位列中国足球协会超级联赛之后,中国足球协会乙级联赛之前。该联赛始于 2004 年,前身为原中国足球甲级 B 组联赛(简称甲 B 联赛)。中国足球协会甲级联赛采取主客双循环赛制比赛,每支队伍与各球队对赛两场,主客各一场。中甲联赛决定名次办法:

(1)每队胜一场得 3 分,平一场得 1 分,负一场得 0 分。

(2)中甲联赛本年度度比赛全部完成后,积分多者名次列前。

(3)如果两队或两队以上积分相等,依下列顺序排列名次:①积分相等队之间相互比赛积分多者,名次列前;②积分相等队之间相互比赛净胜球多者,名次列前;③积分相等队之间相互比赛进球数多者,名次列前;④其队所属俱乐部的预备队在本赛季预备队联赛中的积分多者,名次列前;⑤积分相等队在本年度中甲联赛全部比赛中净胜球多者,名次列前;⑥积分相等队在本年度中甲联赛全部比赛中总进球数多者,名次列前;⑦"公平竞赛积分红黄牌减分"少的列前(每张黄牌减 1 分、每张红牌减 3 分);⑧如仍相等,则以抽签的办法决定名次。

3. 中国足球协会乙级联赛

简称 C2L,是中国足球协会下属的第三级别的联赛。目前的赛制始于中国足协 2003 年底推行的中国联赛赛制改革,位列中超、中甲之后,改革后的中乙联赛于 2004 年开始首个赛季,不设降级制度。从 2011 年开始中乙联赛除职业足球俱乐部之外,还允许各省市区的全运会球队参加比赛。2015 年起只有中国足球协会业余联赛的球队才有中乙报名审核的资格。

(1)中乙联赛全年分为预赛和决赛两个阶段。

(2)预赛阶段:为分区主、客场双循环赛制。

(3)决赛阶段:为主、客场两回合淘汰赛制。

(4)比赛地点:预赛和决赛阶段比赛地点均为各参赛俱乐部选定的主场。

(5)比赛时间:所有场次的比赛,须严格按照中乙联赛组委会确定的日程和时间进行。

(6)计分办法:在全部比赛中,每队胜一场得 3 分,平一场得 1 分,负一场得 0 分。

(7)升级与降级:获得决赛阶段第一、二名的球队,将取得下一年度中甲联赛的候补资格,如经审核达到职业联赛俱乐部(中甲俱乐部)准入标准,可报名参加中甲联赛。

五、消费升级形态

作为典型的竞技类体育项目,足球被誉为"世界第一运动"。足球比赛集观赏性、娱乐性与竞技性于一身,使得足球产业的盈利模式可以多点全面开花。从足球产业收入结构来看,足球盈利点无所不包,北京大学陈少峰教授总结出50个方面:赛事(IP),职业俱乐部(联赛),球员交易,培训,教育(学校),游学,足球旅游(本国及跨国),足球(体育用品),足球场(草坪),足球地产,足球场维护,陪练,媒体(传统付费),门票,广告,赞助,转播及分销权,健康管理,大数据,经纪服务,衍生品(从球衣到公仔、球星卡),足球影视,业余赛事,足球学院(争取独立大学学院),教练考试,交流赛事(国内外),后勤,青训队,队医,足球娱记,自传(图书),现场消费,室内足球场(工程),中学联赛,住宿,新媒体转播权,带动旅游(购物),品牌授权使用,夏令营,场地租赁,委托培养,球员及球场安保,特色足球学校,政府补助,会展,娱乐(射门PK),奖金,明星演讲和广告代言,足球游戏与动漫,等等。归结起来,足球产业可划分为赛事、培训、场馆、传媒、彩票、用品等板块。

我国足球产业自1994年实行职业化以来,经历了不少挫折,也取得了不少成就,逐渐步入正轨,整个产业呈消费升级态势。其中,备受关注的中超联赛各俱乐部在2016赛季的总收入为70.82亿元,商业赞助仍是最大收入来源;总支出达110.14亿元,人工成本占比最大。相比之下,2016赛季中甲联赛各俱乐部的总收入和总支出低很多,分别为10.92亿元、19.15亿元。[①] 近年来体育系统和教育系统的青少年赛事逐步增多,竞赛体系日趋完善。据统计,目前我国约有300万名青少年在接受定期的足球培训,足球培训市场规模达67亿元;国内付费观赛人群超过1400万人;足球传媒市场、场馆市场、用品市场总规模分别为55.3亿元、77亿元、270亿元。综合多个板块,2016年我国足球产业总规模为1259亿元。[②]

---

① 《中国足球产业报告:2016足球产业总规模1259亿》,《北京日报》,2018年4月29日,http://sports.sohu.com/20180429/n536213957.shtml。

② 《清华大学发布〈中国足球产业发展报告〉》,《北京日报》,2018年4月28日,http://sports.dzwww.com/zhty/rdjj/201804/t20180428_11280911.htm。

(一)消费心理对消费形态的影响

消费形态是指消费者的生活形态,通过消费者选择的支配时间和消费行为以及通过消费行为来反映消费者的心理、价值观和品位。消费生活中的"口红效应"说的是指经济不景气时,口红的销量反而会直线上升,因为口红作为一种价廉且非必要的商品具有安抚人心的作用。如 2008 年全球经济危机爆发,世界各国均无法幸免,就在当时经济情况不好,人们忧心忡忡时,体育消费却不减反增。按常理,消费形态应随着经济的低迷,人们应该是捂紧口袋,谨慎消费。可在体育消费上却是另一番景象:在美国,NBA、棒球、橄榄球等职业赛事,依旧引吭高歌,长盛不衰;哪怕是远在东非的肯尼亚首都内罗毕的健身房里也是拥挤不堪。

同样的道理,2018 年因美国挑起贸易战而影响世界经济,世界各层级的贸易渐趋紧张,国际贸易大幅下降。而在中国,人们在足球运动的消费上却是中国风景独好,中超、中甲、中乙等赛事,从不缺乏赞助商,足球赛事转播的关注度也是居高不下;足球培训、地方足球赛事、足球小镇正引来资本大咖和上市企业的不断投入,足球产业正欣欣向荣,一片繁华景象。这不仅有口红效应,更包含中国人民的深层次心理需求,愿意在一些积极的生活方式上积极消费。一个是心理上在暗示自己在做正确的事以减轻焦虑感;另一个是,这种时候待在人群中也可以对抗内心的脆弱无力,转移心理压力。在体育运动的人群中相处起来安全许多,即有一点点交集,但又不介入彼此之间的生活圈子,是最熟悉的陌生人。

(二)市场规模对资本的影响

自 1994 年中国足球拉开了竞技体育职业化的大幕以来,正逐步改善体育产业市场化程度较低和赛事运营商业化程度较低的局面。国内的足球赛事不断成熟,足球球迷规模不断扩大,越来越多的品牌加入体育赞助的行列中来。据艾瑞咨询发布的《2018 中国足球营销行业报告》,2017 赛季中超联赛,共有 570 多万球迷到场观看。超高的现场观众人数远超亚洲其他国家,排在了世界第5位;国内电视转播累计收视人次达到4.34亿人次,赞助商电视媒体总价值达到128.4亿元。[①] 中国足球产业市场化程度之高,商业化程度之高已是不言而喻。近年来,足球小镇的大力发展,以及“足球+”新模式的膨胀发展,也是新形态下促进足球消费的很好尝试。随着足球市场的不断发展,足球消费必将越来越趋于理性。足球在中国就是一朵奇葩,对国人来说具有一股神奇的力量,爱也不是,恨也不是,关注度莫名之高,上至国家领导,下至平民百姓,还有社会各界名流都是热议话题,亦对其爱恨交加,只要涉及体育话题,就离不开足球。也正因如此,各路商界精英均明了足球产业的商机。

(三)品牌营销对消费形态的影响

和大众营销活动相比,足球营销同样具有一定的品牌普适性,与足球并不相关的品牌或企业同样可以做足球营销。以2018世界杯为例。2018俄罗斯世界杯共有7家中国赞助商,包括万达、海信、vivo、蒙牛、雅迪、帝牌、LUCI,创造了历届之最。《2018中国足球营销行业报告》表明,真金白银的投入换来的是显著的赞助效果。海信作为2018世界杯的官方赞助商,在世界杯期间将国内的认知度提升了12%,6—7月更是在国内家电领域零售额占有率突破20%,创历史新高。雅迪科技集团副总裁刘彤曾在体育大生意营销峰会中表示,在赞助世界杯后,雅迪在国际市场的影响力已经有所显现,世界杯广告车型的海外订单大幅上涨。2018年一季度,雅迪在电动车销售淡季大卖105万辆,较2017年同期大涨59%,重点城市涨幅超400%。与此同时,2018年上半年收入同比提升40.8%。[②] 以上数据,已经很好地说明大众品牌同样可以通过足球营销(或体育营销)来达到提升品牌知名度和用户好感度,从各个层面展现品牌实力,影响消费形态,帮助企业拓展市场,甚至提高企业市场占有份额。

近几年以来,国内足球营销(体育营销)一直在快速发展,越来越多的品

---

① 《2018中国足球营销行业报告出炉,敲黑板,划重点!》,搜狐网,2018年11月2日,http://www.sohu.com/a/272918879_138481。

② 同上。

牌加入到体育营销(特别是足球营销)的行列中来。因为足球营销活动的周期性相对较长,足球赛事年年有,即使中国足球在世界上排名较后,成绩一直不大理想,但赞助商始终不缺,足球营销活动始终连续不断地进行着。长周期的足球营销活动很容易形成营销事件,目前国内足球营销的性价比相对较高,现阶段企业因积极参与足球营销活动,能够让企业在市场上抢得先机。

(作者:兰　峰,福建省第二高级技工学校;范崇雄,北京大学文化企业中心;黄向军,北京大学中国体育产业研究中心研究员)

第十章　全球主要俱乐部专题

从中国南宋时期的蹴鞠社开始，世界上就出现了足球俱乐部的萌芽和雏形，只不过那时的蹴鞠活动在运动特点和组织形式上都明显区别于现代足球。在现代足球的发展史上，第一家足球俱乐部则出现于英国，至今已有150多年的历史。经历了百年风雨的洗涤，足球俱乐部也从自发松散的业余组织一步步向半职业、职业化发展蜕变。

时至今日，职业足球俱乐部已经遍布全球且数量众多，其中不乏一些历史悠久、球星云集、财力雄厚、运营成熟的豪门俱乐部，它们不仅拥有数量庞大的狂热支持者，而且早已形成了独特的足球文化，例如西甲豪门皇家马德里、巴塞罗那，以及德国“南部之星”拜仁慕尼黑等，都是足球俱乐部中的“超级巨舰”。

为了使读者更好地理解本书前文所阐述的体育产业及足球产业的相关理论，丰富读者的足球运动相关背景知识，本专题特对全球主要足球俱乐部进行简要介绍。从欧洲五大联赛到中超联赛，为大家勾勒出世界足球俱乐部版图的轮廓。

一、全球职业足球俱乐部概况

(一)发展历史

国际足联(FIFA)在2004年亚洲杯开幕式上宣布中国临淄为世界足球的起源地，并于2005年国际足联百年庆典闭幕式上颁发了认定证书。中国作为世界足球的发源地，也较早地诞生了足球俱乐部的雏形——蹴鞠社。有据可查的，中国最早的蹴鞠社始现于南宋时期的临安，名曰“齐云社”。这也是我国最早的单项运动社团，专门负责蹴鞠活动的比赛组织和宣传推广。

国际足联承认的世界上第一个现代足球俱乐部是英国谢菲尔德足球俱乐部(Sheffield FC)，它诞生于 19 世纪 50 年代，比 1863 年才成立的英国足球协会(英足协)还要早。在随后的几十年间，以此为源点，整个欧洲乃至拉丁美洲涌现出大量足球俱乐部，它们纷纷成立并开展足球竞赛活动，如著名的曼联、曼城、托特纳姆热刺、利物浦等，如表 10-1 所示。

整个 20 世纪是现代足球发展的重要历史时期。尽管经历了两次世界大战，足球竞赛活动却一直没有停止，而且越来越受到全世界民众的喜爱。不仅如此，现代足球俱乐部从 20 世纪 80 年代末期开始迎来了爆发式的职业化发展，媒体的私有化改革使传统的足球结构开始向产业化、商业化方向发展，职业足球的生产力被释放，职业足球产业开启新的发展模式。

表 10-1　部分百年足球俱乐部诞生年份表

序号	俱乐部名称	所属联赛	诞生年份(年)
1	曼联	英格兰足球超级联赛	1878
2	曼城	英格兰足球超级联赛	1880
3	托特纳姆热刺	英格兰足球超级联赛	1882
4	阿森纳	英格兰足球超级联赛	1886
5	利物浦	英格兰足球超级联赛	1892
6	波尔图	葡萄牙足球超级联赛	1893
7	尤文图斯	意大利足球甲级联赛	1897
8	AC 米兰	意大利足球甲级联赛	1899
9	巴塞罗那	西班牙足球甲级联赛	1899
10	马赛	法国足球甲级联赛	1899
11	拜仁慕尼黑	德国足球甲级联赛	1900
12	圣保罗	巴西足球甲级联赛	1900
13	河床	阿根廷足球甲级联赛	1901
14	阿贾克斯	荷兰足球甲级联赛	1902

续 表

序号	俱乐部名称	所属联赛	诞生年份(年)
15	皇家马德里	西班牙足球甲级联赛	1902
16	马德里竞技	西班牙足球甲级联赛	1903
17	博卡青年	阿根廷足球甲级联赛	1905
18	切尔西	英格兰足球超级联赛	1905
19	国际米兰	意大利足球甲级联赛	1908
20	多特蒙德	德国足球甲级联赛	1909

资料来源:根据各俱乐部官方公布信息整理。

(二)现状格局

经历百年发展,全球足球俱乐部已经建立起有序的竞赛、商业和社会公益活动体系,它们分别隶属于所在国家和地区的足球协会,参加国内、国际的联赛和杯赛。其中最为成功的应数欧洲足球五大联赛中的豪门俱乐部。

欧洲足球五大联赛是指欧洲竞技水平和影响力排名前五的联赛,分别是英格兰足球超级联赛(英超)、西班牙足球甲级联赛(西甲)、德国足球甲级联赛(德甲)、意大利足球甲级联赛(意甲)和法国足球甲级联赛(法甲)。这些联赛的佼佼者代表着世界足坛的顶尖水平,是世界足球技战术发展和俱乐部运营的风向标,如表 10-2 所示。

欧洲五大联赛豪门球队之外,还有一些俱乐部同样具备悠久历史和高水平球员,它们也拥有自己庞大的球迷群体。例如葡萄牙超级联赛的本菲卡和波尔图,荷兰足球甲级联赛的阿贾克斯,埃因霍温和费耶诺德,巴西足球甲级联赛的科林蒂安和圣保罗,阿根廷足球甲级联赛的河床和博卡青年,日本J联赛的鹿岛鹿角,中国足球超级联赛的广州恒大、上海上港、山东鲁能和北京国安等。

表 10-2 全球职业足球俱乐部竞技排名

竞技排名	俱乐部名称	所属联赛	竞技积分	球员身价排名	球员身价(亿欧元)
1	巴塞罗那	西班牙足球甲级联赛	2031	1	11.7
2	尤文图斯	意大利足球甲级联赛	2019	8	8.1

续 表

竞技排名	俱乐部名称	所属联赛	竞技积分	球员身价排名	球员身价（亿欧元）
3	曼城	英格兰足球超级联赛	1976	2	11.3
4	利物浦	英格兰足球超级联赛	1969	4	9.3
5	巴黎圣日耳曼	法国足球甲级联赛	1965	6	9.0
6	拜仁慕尼黑	德国足球甲级联赛	1955	11	7.5
7	马德里竞技	西班牙足球甲级联赛	1940	7	8.8
8	那不勒斯	意大利足球甲级联赛	1889	15	5.6
9	皇家马德里	西班牙足球甲级联赛	1887	3	9.7
10	多特蒙德	德国足球甲级联赛	1874	14	5.7
11	托特纳姆热刺	英格兰足球超级联赛	1871	9	8.1
12	波尔图	葡萄牙足球超级联赛	1853	28	3.0
13	阿贾克斯	荷兰足球甲级联赛	1853	23	3.7
14	曼联	英格兰足球超级联赛	1846	10	7.8
15	切尔西	英格兰足球超级联赛	1811	5	9.1
16	阿森纳	英格兰足球超级联赛	1804	12	6.0
17	罗马	意大利足球甲级联赛	1797	18	4.0
18	国际米兰	意大利足球甲级联赛	1790	13	5.8
19	顿涅斯克矿工	乌克兰足球超级联赛	1789	76	1.2
20	埃因霍温	荷兰足球甲级联赛	1788	45	2.0

资料来源：FootballDatabase，Transfermarkt，统计数据截至 2019 年 1 月 20 日。

二、全球主要足球俱乐部介绍

（一）欧洲主要足球俱乐部

1. 英格兰足球超级联赛——六强逐鹿

英格兰足球超级联赛（Premier League）简称英超，创立于 1992 年，是英格兰足球总会管辖的最高等级职业足球联赛，由1888年成立的英格兰足球联赛中的英格兰足球甲级联赛演变而来。英超由20支球队组成，每个赛季结束后，积分榜前四位可参加欧洲冠军联赛，末三位则降入英格兰足球冠军联赛。

英超联赛由于强队云集、对抗激烈、观赏性高，是全球最受欢迎的足球赛事，不断创下足球电视转播与广告赞助收入的最高纪录。其中综合实力最强的6家俱乐部被称为“英超六小强”，分别是曼联（13次夺冠）、切尔西（5次夺冠）、曼城（3次夺冠）、阿森纳（3次夺冠）、利物浦和热刺（各1次夺冠）。

(1)“红魔”曼联

曼彻斯特联足球俱乐部（Manchester United Football Club）简称曼联，绰号“红魔”，前身为1878年成立的牛顿希斯足球俱乐部。曼联在功勋教练弗格森爵士的带领下，获得了26个英超赛季中的13个联赛冠军，是毫无疑问的英超霸主。在国际赛场上，锦标囊括欧洲冠军联赛冠军、欧洲联赛冠军、欧洲优胜者杯冠军、欧洲超级杯冠军、丰田杯冠军与世俱杯冠军，成为极少数大满贯足球俱乐部的一员。曼联俱乐部在全球拥有庞大的球迷群体和强大的商业开发能力，是全球最成功的足球俱乐部之一。如图10-1、表10-3所示：

图10-1 曼联

表10-3 曼联俱乐部重要信息表

中文全称	曼彻斯特联足球俱乐部	球队绰号	红魔
外文全称	Manchester United Football Club		
所属地区	英国英格兰曼彻斯特郡曼彻斯特市	所属联赛	英格兰足球超级联赛
成立时间	1878年1月1日	主场球衣	红色上衣、黑色短裤、黑色球袜
球队主场	老特拉福德球场	容纳人数	74994
现任主帅	索尔斯克亚	现任队长	安东尼奥·瓦伦西亚
国内荣誉	英甲冠军7次、英超冠军13次、足总杯冠军12次、联赛杯冠军5次、慈善盾冠军21次、社区盾冠军7次		
国际荣誉	欧冠冠军3次、欧联冠军1次、欧洲优胜者杯冠军1次、欧洲超级杯冠军1次、丰田杯冠军1次、世俱杯冠军1次、雪佛兰杯冠军1次、吉尼斯国际冠军杯冠军1次		

续　表

知名主帅	曼格纳尔、巴斯比、阿特金森、弗格森、莫耶斯、范加尔、穆里尼奥		
知名球员	查尔顿、贝斯特、布鲁斯、因斯、舒梅切尔、坎通纳、吉格斯、斯科尔斯、贝克汉姆、内维尔、基恩、谢林汉姆、索尔斯克亚、巴特兹、斯塔姆、克里斯蒂亚诺·罗纳尔多、鲁尼、范尼、纳尼、德赫亚、卡里克、博格巴		
官方网站	www.manutd.com	队歌	《Glory Glory Man United》

资料来源：根据俱乐部官方公布信息整理。

(2)"红军"利物浦

利物浦足球俱乐部(Liverpool Football Club)简称利物浦，绰号"红军"，位于英格兰默西塞德郡首府利物浦市。说起曼联，就不得不提到它的"死敌"利物浦。利物浦在整个英格兰足球历史上都是一家非常成功的俱乐部，在欧洲赛场也创造过巨大的辉煌；但在英超时代却长期被另一支红色球队——曼联压制。但是利物浦在激情教练德国人克洛普的调教下，逐渐恢复了往日的霸气，有望在英超群雄中脱颖而出，夺得球队历史上第一个英超冠军。如图 10-2、表 10-4 所示：

图 10-2　利物浦

表 10-4　利物浦俱乐部重要信息表

中文全称	利物浦足球俱乐部	球队绰号	红军
外文全称	Liverpool Football Club		
所属地区	英国英格兰默西塞德郡利物浦市	所属联赛	英格兰足球超级联赛
成立时间	1892 年 6 月 3 日	主场球衣	红色上衣、红色短裤、红色球袜
球队主场	安菲尔德球场	容纳人数	54074
现任主帅	尤尔根·克洛普	现任队长	乔丹·亨德森
国内荣誉	英甲冠军 18 次、足总杯冠军 7 次、联赛杯冠军 8 次、慈善盾冠军 14 次、社区盾冠军 1 次、英格兰超级杯冠军 1 次		
国际荣誉	欧冠冠军 5 次、欧联冠军 3 次、欧洲超级杯冠军 3 次		
知名主帅	比尔·香克利、鲍勃·派斯利、乔·费根、达格利什、霍利尔、贝尼特斯、罗杰斯		

续　表

知名球员	基冈、达格利什、伊恩·拉什、巴恩斯、福勒、欧文、杰拉德、苏亚雷斯、萨拉赫		
官方网站	www.liverpoolfc.com	队歌	《You Will Never Walk Alone》

资料来源：根据俱乐部官方公布信息整理。

(3)“蓝月军团”曼城

曼彻斯特城足球俱乐部(Manchester City Football Club)简称曼城，绰号“蓝月军团”，成立于1880年的曼城俱乐部也是英格兰足球历史上较为成功的百年俱乐部之一。曼城俱乐部与曼联俱乐部同在英格兰的曼彻斯特市，因此每个赛季的“曼彻斯特德比”也就成为英格兰球迷津津乐道的话题。相比于略显平庸的历史，曼城近年来的竞技表现和综合实力有了突飞猛进的变化，曼奇尼带来了35年首冠和队史第一个英超冠军，而瓜迪奥拉则使球队获胜成为习惯，一个新的王朝逐渐形成。如图10-3、表10-5所示：

图 10-3　曼城

表 10-5　曼城俱乐部重要信息表

中文全称	曼彻斯特城足球俱乐部	球队绰号	蓝月亮、蓝月军团
外文全称	Manchester City Football Club		
所属地区	英国英格兰曼彻斯特郡曼彻斯特市	所属联赛	英格兰足球超级联赛
成立时间	1880年	主场球衣	蓝色上衣、白色短裤、深蓝球袜
球队主场	曼彻斯特市球场	容纳人数	55097
现任主帅	瓜迪奥拉	现任队长	孔帕尼
国内荣誉	英甲冠军2次、英超冠军3次、足总杯冠军5次、联赛杯冠军5次、慈善盾冠军3次、社区盾冠军2次		
国际荣誉	欧洲优胜者杯冠军1次、甘伯杯冠军1次、巴克莱英超亚洲杯冠军1次		
知名主帅	凯文·基冈、皮尔斯、埃里克松、马克·休斯、曼奇尼、佩莱格里尼		
知名球员	孙继海、罗比尼奥、赖特·菲利浦斯、亚亚·图雷、孔帕尼、大卫·席尔瓦、巴洛特利、哲科、纳瓦斯、阿圭罗、斯通斯、奥塔门迪、萨内、德布劳内、斯特林、热苏斯		
官方网站	www.mancity.com	队歌	《Blue Moon》

资料来源：根据俱乐部官方公布信息整理。

(4)"铁血蓝军"切尔西

切尔西足球俱乐部(Chelsea Football Club)简称切尔西，绰号"铁血蓝军"。切尔西创立于1905年，但在百年发展历史中并无太大作为，直到俄罗斯富豪阿布拉莫维奇收购球队后，俱乐部一举跃升英超豪门。财力强大后的切尔西在"魔力鸟"穆里尼奥等主帅的带领下，仅用十年时间，就完成了英超、足总杯、联赛杯、欧冠、欧联杯、欧洲优胜者杯、欧洲超级杯的大满贯，跻身全球最成功足球俱乐部行列。不仅如此，切尔西球风硬朗，战术简洁实用，给球迷留下了深刻的印象，获称"铁血蓝军"。如图10-4、表10-6所示：

图 10-4 切尔西

表 10-6 切尔西俱乐部重要信息表

中文全称	切尔西足球俱乐部	球队绰号	蓝军
外文全称	Chelsea Football Club		
所属地区	英国英格兰伦敦市富勒姆区	所属联赛	英格兰足球超级联赛
成立时间	1905年3月10日	主场球衣	蓝色上衣、蓝色短裤、白色球袜
球队主场	斯坦福桥球场	容纳人数	41631
现任主帅	萨里	现任队长	加里·卡希尔
国内荣誉	英甲冠军1次、英超冠军5次、足总杯冠军8次、联赛杯冠军5次、慈善盾冠军2次、社区盾冠军2次		
国际荣誉	欧冠冠军1次、欧联冠军1次、欧洲优胜者杯冠军2次、欧洲超级杯冠军1次、巴克莱英超亚洲杯冠军1次		
知名主帅	特德·德拉克、霍德尔、古力特、维亚利、拉涅利、穆里尼奥、斯科拉里、希丁克、安切洛蒂、博阿斯、迪马特奥、贝尼特斯、孔蒂		
知名球员	古力特、维亚利、佐拉、哈塞尔巴因克、加拉斯、兰帕德、佩蒂特、马克莱莱、乔·科尔、卡瓦略、罗本、德罗巴、特里、切赫、埃辛、伊万诺维奇、阿兹皮利奎塔、吕迪格、大卫·路易斯、阿扎尔、威廉、坎特		
官方网站	www.chelseafc.com	队歌	《Blue is the Colour》

资料来源：根据俱乐部官方公布信息整理。

(5)"兵工厂"阿森纳

阿森纳足球俱乐部(Arsenal Football Club),简称阿森纳,绰号"兵工厂"。阿森纳成立于1886年,是英格兰足球历史上最伟大的俱乐部之一,曾13次获得英格兰顶级联赛冠军,13次获得足总杯冠军。阿森纳在主教练温格的带领下,不仅塑造了进攻华丽流畅的战术风格,而且取得了长期稳定的优异战绩,温格也以22年的执教生涯成为阿森纳俱乐部历史上教父级的人物。如图10-5、表10-7所示:

图 10-5 阿森纳

表 10-7 阿森纳俱乐部重要信息表

中文全称	阿森纳足球俱乐部	球队绰号	兵工厂、枪手
外文全称	Arsenal Football Club		
所属地区	英国英格兰伦敦市西北部	所属联赛	英格兰足球超级联赛
成立时间	1886年	主场球衣	红色上衣、白色短裤、白色球袜
球队主场	酋长球场	容纳人数	60432
现任主帅	埃梅里	现任队长	科斯切尔尼
国内荣誉	英甲冠军10次、英超冠军3次、足总杯冠军13次、联赛杯冠军2次、慈善盾冠军10次、社区盾冠军5次		
国际荣誉	欧洲优胜者杯冠军1次、国际城市博览会杯冠军1次		
知名主帅	查普曼、阿利森、格拉汉姆、温格		
知名球员	伊恩·赖特、希曼、博格坎普、佩蒂特、维埃拉、亨利、皮雷、莱曼、永贝里、坎贝尔、法布雷加斯、范佩西、卡索拉、厄齐尔、拉姆塞、桑切斯、维尔马伦、吉鲁		
官方网站	www.arsenal.com	队歌	《Hot Stuff》

资料来源:根据俱乐部官方公布信息整理。

(6)"白百合"热刺

托特纳姆热刺足球俱乐部(Tottenham Hotspur Football Club)简称热刺,绰号"白百合"。热刺俱乐部成立于1882年,球队绰号来源于白色的主场球衣。热刺与阿森纳同位于伦敦市北部地区,两队从第一次世界大战起便形成了极强的对立竞争关系,形成了著名的"北伦敦德比"。热刺在百年历

图 10-6 热刺

史中，无论是在国内还是欧洲赛场，都获得了一些顶级荣誉，当前也是联赛冠军的有力竞争者之一。如图 10-6、表 10-8 所示：

表 10-8　热刺俱乐部重要信息表

中文全称	托特纳姆热刺足球俱乐部	球队绰号	白百合
外文全称	Tottenham Hotspur Football Club		
所属地区	英国英格兰伦敦市北部	所属联赛	英格兰足球超级联赛
成立时间	1882 年 9 月 5 日	主场球衣	白色上衣、蓝色短裤、白色球袜
球队主场	温布利球场	容纳人数	90000
现任主帅	波切蒂诺	现任队长	洛里斯
国内荣誉	英甲冠军 2 次、足总杯冠军 8 次、联赛杯冠军 4 次、慈善盾冠军 7 次		
国际荣誉	欧洲联盟杯冠军 2 次、欧洲优胜者杯冠军 1 次		
知名主帅	霍德尔、桑蒂尼、马丁·约尔、雷德克纳普、博阿斯		
知名球员	坎贝尔、罗比·基恩、贝尔、迪福、伦农、丹尼·罗斯、阿尔德韦雷尔德、费尔通亨、洛里斯、登贝莱、西索科、阿里、埃里克森、孙兴慜、哈里·凯恩		
官方网站	www. tottenhamhotspur. com	队歌	《Glory Glory Tottenham Hotspur》

资料来源：根据俱乐部官方公布信息整理。

2. 西班牙足球甲级联赛

西班牙足球甲级联赛（La Liga）简称西甲，创立于 1929 年。西甲由 20 支球队组成，每个赛季结束后，积分榜前四位可参加欧洲冠军联赛，末三位则降入西班牙足球乙级联赛。

西甲联赛是欧洲乃至全世界范围内竞技和观赏水平最高的足球联赛之一，球员脚下技术细腻，战术配合严谨流畅，涌现出大量的顶级球星和经典比赛，每个赛季的“西班牙国家德比”都是世界足坛的盛宴。

纵观西甲联赛的历史，从诞生之日起至今，就贯穿了皇家马德里和巴塞罗那两家豪门俱乐部的巅峰对决。两队包揽了绝大部分国内顶级荣誉，两队的直接对决也被球迷戏称为“西超联赛”，两队实力的强大由此可窥一斑。除此之外，马德里竞技、瓦伦西亚、塞维利亚、比利亚雷亚尔和毕尔巴鄂竞技等俱乐部也不时向顶级荣誉发起挑战。

(1)“银河战舰”皇马

皇家马德里足球俱乐部(Real Madrid Club de Fútbol)简称皇马，绰号“银河战舰”。皇马俱乐部的辉煌历史犹如一幅精美画卷，在历届主席的指挥下由众多的世界顶级画匠(教练、球员)悉心绘就。无论是横扫欧洲连续五夺欧冠冠军创下空前纪录的“伯纳乌时代”，还是构建两期“银河战舰”的“弗洛伦蒂诺时代”，皇马历史上走过了无数的巨星、巨匠，也奉献了无数美轮美奂的经典比赛。皇马 13 次夺得欧洲冠军联赛奖杯的成绩也成了短时间内无法被超越的传奇。如图 10-7、表 10-9 所示：

图 10-7 皇马

表 10-9 皇马俱乐部重要信息表

中文全称	皇家马德里足球俱乐部	球队绰号	银河战舰
外文全称	Real Madrid Club de Fútbol		
所属地区	西班牙马德里	所属联赛	西班牙足球甲级联赛
成立时间	1902 年 3 月 6 日	主场球衣	白色上衣、白色短裤、白色球袜
球队主场	伯纳乌球场	容纳人数	94497
现任主帅	索拉里	现任队长	拉莫斯
国内荣誉	西甲冠军 33 次、国王杯冠军 19 次、联赛杯冠军 1 次、西班牙超级杯冠军 10 次、拉丁杯冠军 2 次、伯纳乌杯冠军 28 次		
国际荣誉	欧冠冠军 13 次、欧联冠军 2 次、欧洲超级杯冠军 4 次、世俱杯冠军 3 次		
知名主帅	本哈克、巴尔达诺、卡佩罗、海因克斯、奎罗斯、卡马乔、卢森博格、博斯克、舒斯特尔、佩莱格里尼、穆里尼奥、贝尼特斯、齐达内		
知名球员	迪·斯蒂法诺、亨托、普斯卡什、乌戈·桑切斯、巴尔达诺、布特拉格诺、米歇尔、耶罗、劳德鲁普、劳尔、萨莫拉诺、苏克、菲戈、齐达内、罗纳尔多、贝克汉姆、欧文、卡纳瓦罗、卡洛斯、卡西利亚斯、卡卡、克里斯蒂亚诺·罗纳尔多、厄齐尔、本泽马、迪马利亚、拉莫斯、瓦拉内、马塞洛、克罗斯、莫德里奇、贝尔		
官方网站	www. realmadrid. com	队歌	《Hala Madrid》

资料来源：根据俱乐部官方公布信息整理。

(2)“宇宙队”巴萨

巴塞罗那足球俱乐部(Fútbol Club Barcelona)简称巴萨，绰号“宇宙队”。

巴萨俱乐部的实力和成就无须多言，绰号就已经说明了一切。从克鲁伊夫的“梦一队”、里杰卡尔德的“梦二队”到瓜迪奥拉打造的“梦三队”（“宇宙队”），巴萨延续了观赏性极高的技战术打法，形成了自身独特的风格。面对总是能够踢出赏心悦目比赛的巴萨，球迷已经无法想出更好的溢美之词来形容内心的崇拜和喜爱。这也是巴萨拥有全欧洲最大容量的球场，每场比赛的门票仍会被抢购一空的原因。如图 10-8、表 10-10 所示：

图 10-8　巴萨

表 10-10　巴塞罗那俱乐部重要信息表

中文全称	巴塞罗那足球俱乐部	球队绰号	红蓝军团、梦之队、宇宙队
外文全称	Fútbol Club Barcelona		
所属地区	西班牙巴塞罗那市	所属联赛	西班牙足球甲级联赛
成立时间	1899 年 11 月 29 日	主场球衣	红蓝上衣、蓝色短裤、红蓝球袜
球队主场	诺坎普球场	容纳人数	98260
现任主帅	巴尔韦德	现任队长	梅西
国内荣誉	西甲冠军 25 次、国王杯冠军 30 次、西班牙超级杯冠军 13 次、甘伯杯冠军 40 次		
国际荣誉	欧冠冠军 5 次、欧洲优胜者杯冠军 4 次、欧洲超级杯冠军 5 次、博览会杯 3 次、世俱杯冠军 3 次		
知名主帅	克鲁伊夫、范加尔、里杰卡尔德、瓜迪奥拉		
知名球员	阿尔坎塔拉、克鲁伊夫、马拉多纳、科曼、罗马里奥、克鲁伊维特、里瓦尔多、德科、罗纳尔迪尼奥、罗纳尔多、埃托奥、哈维、梅西、布斯克茨、佩德罗、普约尔、阿尔维斯、伊涅斯塔、皮克、巴尔德斯、苏亚雷斯、内马尔、特尔施特根、拉基蒂奇		
官方网站	www. fcbarcelona. com	队歌	《Cant del Barça》

资料来源：根据俱乐部官方公布信息整理。

3. 德国足球甲级联赛

德国足球甲级联赛（Bundesliga）简称德甲，创立于 1962 年 7 月 28 日。德甲由 18 支球队组成，每个赛季结束后，积分榜前四位可参加欧洲冠军联赛，末三位则直接或间接（倒数第三名与德乙第三名进行附加赛）降入德国足球乙级联赛。

德甲联赛从 1963 年开始进行正式比赛，初期规定每个城市只允许有一支球队加入德甲联赛，因此许多优秀的球队在开始的几个赛季无法参加德甲比赛，其中就包括拜仁慕尼黑。但随着拜仁慕尼黑俱乐部的加入，德甲逐渐成了“南部之星”的天下，冠军奖盘 27 次落入拜仁慕尼黑囊中。其间，门兴格拉德巴赫、汉堡、斯图加特、云达不来梅、多特蒙德间歇撼动过拜仁慕尼黑的王座，甚至不乏“凯泽斯劳滕神话”这样的壮举，但都没有从根本上改变拜仁慕尼黑一家独大的局面。

(1)“南部之星”拜仁慕尼黑

拜仁慕尼黑足球俱乐部(FC Bayern München)简称拜仁，绰号“南部之星”。拜仁慕尼黑俱乐部是当之无愧的德甲霸主，虽然在 20 世纪 50 年代之前并没有值得称道的成绩，但从 1966 年夺得德国杯开始就以不可阻挡之势统治德国足球半个世纪之久。拜仁慕尼黑不仅自身在欧洲赛场立下赫赫战功，同时也为德国国家队输送了无数的核心球员，为德国足球在国际足坛获得无数荣誉打下坚实基础。如图 10-9、表 10-11 所示：

图 10-9 拜仁慕尼黑

表 10-11 拜仁慕尼黑俱乐部重要信息表

中文全称	拜仁慕尼黑足球俱乐部	球队绰号	南部之星、南大王
外文全称	FC Bayern München		
所属地区	德国巴伐利亚州慕尼黑	所属联赛	德国足球甲级联赛
成立时间	1900 年 2 月 27 日	主场球衣	红色上衣、红色短裤、红色球袜
球队主场	慕尼黑安联球场	容纳人数	75000
现任主帅	尼科·科瓦奇	现任队长	诺伊尔
国内荣誉	德甲冠军 27 次、德国杯冠军 18 次、德国联赛杯冠军 6 次、德国超级杯冠军 7 次		
国际荣誉	欧冠冠军 5 次、欧联冠军 1 次、欧洲优胜者杯冠军 1 次、欧洲超级杯冠军 1 次、世俱杯冠军 3 次		
知名主帅	拉特克、海因克斯、贝肯鲍尔、雷哈格尔、希斯菲尔德、马加特、克林斯曼、范加尔、瓜迪奥拉、安切洛蒂		

续 表

知名球员	贝肯鲍尔、盖德·穆勒、迈耶、乌利·赫内斯、布莱特纳、鲁梅尼格、埃芬博格、卡恩、利扎拉祖、埃尔伯、托尼、克洛泽、里贝里、罗本、曼朱基齐、拉姆、施魏因施泰格、托马斯·穆勒、波多尔斯基、博阿滕、马丁内斯、诺伊尔、胡梅尔斯、莱万多夫斯基		
官方网站	www.fcbayern.com	队歌	《Forever Number One》

资料来源：根据俱乐部官方公布信息整理。

(2)“大黄蜂”多特蒙德

多特蒙德足球俱乐部(Ballspiel-Verein Borussia 1909 e.V. Dortmund)简称多特蒙德，绰号“大黄蜂”。多特蒙德俱乐部位于足球运动盛行的德国北威州鲁尔区，这里集中了德国三分之一的德甲级别球队。多特蒙德虽然获得锦标并不算特别多，但每一次崛起都能给球迷带来深刻的印象，例如 1997 年欧冠决赛击败拥有“斑马王子”皮耶罗的尤文图斯从而摘得欧冠冠军，再如由克洛普掀起的“青春风暴”多次击败如日中天的拜仁慕尼黑从而获得德甲冠军和德国杯冠军。如图 10-10、表 10-12 所示：

图 10-10　多特蒙德

表 10-12　多特蒙德俱乐部重要信息表

中文全称	多特蒙德足球俱乐部	球队绰号	大黄蜂
外文全称	Ballspiel-Verein Borussia 1909 e.V. Dortmund		
所属地区	德国北威州多特蒙德市	所属联赛	德国足球甲级联赛
成立时间	1909 年 12 月 19 日	主场球衣	黄色上衣、黑色短裤、黄色球袜
球队主场	伊杜纳信号公园球场	容纳人数	80552
现任主帅	法夫尔	现任队长	罗伊斯
国内荣誉	联赛冠军 8 次、德国杯冠军 4 次、德国联赛杯冠军 1 次、德国超级杯冠军 6 次		
国际荣誉	欧冠冠军 1 次、欧洲优胜者杯冠军 1 次、丰田杯冠军 1 次		
知名主帅	希斯菲尔德、萨默尔、克洛普、图赫尔、博斯		

续 表

知名球员	萨默尔、安德烈斯·穆勒、里德尔、索萨、里肯、罗西基、阿萨莫阿、扬-科勒、魏登费勒、苏博蒂奇、胡梅尔斯、莱万多夫斯基、沙欣、库巴、巴里奥斯、格罗斯克罗伊茨、香川真司、皮什切克、施梅尔策、格策、罗伊斯		
官方网站	www. bvb. de	队歌	《Das Vereinslied》

资料来源：根据俱乐部官方公布信息整理。

4. 意大利足球甲级联赛

意大利足球甲级联赛(Serie A)简称意甲，创立于 1898 年，最初以地区联赛的形式进行，各个地区冠军再决出总冠军，首届冠军为热那亚队。直到 1929 年，意大利才组织了首届全国性职业联赛，即意大利足球甲级联赛，初期共有 18 支队伍参加，第一届冠军由国际米兰夺得。经过改制，意甲现由 20 支球队组成，每个赛季结束后，积分榜前三位可参加欧洲冠军联赛，末三位则降入意大利足球乙级联赛。

意甲联赛曾经号称“小世界杯”，因其球星云集、强队众多，一度成为世界足球第一联赛。但后期财政收紧、球星出走、成绩下滑而导致地位有所降低。

意甲联赛有“北方三强”与“南方三强”一说，北方实力较强的尤文图斯、AC 米兰和国际米兰从成绩上更胜一筹，南方俱乐部那不勒斯、罗马和拉齐奥也创造过不少辉煌。

(1)“老妇人”尤文图斯

尤文图斯足球俱乐部(Juventus Football Club)简称尤文图斯，绰号“老妇人”。尤文图斯俱乐部成立于 1897 年，是意大利足球史上获得顶级联赛冠军最多的球队(36 次)，因身着黑白间条衫，也被称为“斑马军团”。尤文图斯起源于都灵市达泽里奥中学的一支学生足球队，所以起名为青年体育俱乐部，而“尤文图斯”即拉丁语中“青年”的意思；但偏巧尤文图斯比赛风格缺少激情、球风沉稳，比赛场面常常波澜不惊，却总能获胜，故又被称为“老妇人”，两者形成鲜明对比。如图 10-11、表 10-13 所示：

图 10-11 尤文图斯

表 10-13　尤文图斯俱乐部重要信息表

中文全称	尤文图斯足球俱乐部	球队绰号	斑马军团、老妇人
外文全称	Juventus Football Club		
所属地区	意大利都灵市	所属联赛	意大利足球甲级联赛
成立时间	1897 年 11 月 1 日	主场球衣	黑白上衣、白色短裤、白色球袜
球队主场	安联球场	容纳人数	41507
现任主帅	阿莱格里	现任队长	基耶利尼
国内荣誉	意甲冠军 23 次、意乙冠军 1 次、意大利杯冠军 13 次、意大利超级杯冠军 7 次		
国际荣誉	欧冠冠军 2 次、欧联冠军 3 次、欧洲优胜者杯冠军 1 次、欧洲超级杯冠军 2 次、世俱杯冠军 2 次		
知名主帅	特拉帕托尼、佐夫、里皮、安切洛蒂、卡佩罗、德尚、拉涅利、费拉拉、扎切罗尼、德尔内里、孔蒂		
知名球员	博尼佩尔蒂、西沃里、贝特加、希雷亚、佐夫、普拉蒂尼、皮耶罗、特雷泽盖、布冯、内德维德、齐达内、图拉姆、基耶利尼、卡莫拉内西、赞布罗塔、皮尔洛、利希施泰纳、乔文科、迪巴拉、克里斯蒂亚诺·罗纳尔多、博努奇、桑德罗、皮亚尼奇、马图伊迪		
官方网站	www. juventus. com	队歌	《Juve, storia di un grande amore》

资料来源：根据俱乐部官方公布信息整理。

(2)“红黑军团”AC 米兰

AC 米兰足球俱乐部(Associazione Calcio Milan)简称 AC 米兰，绰号“红黑军团”。原本是一家成立于 1899 年的米兰板球和足球俱乐部，与另一家同样位于意大利米兰的球队国际米兰足球俱乐部长期竞争。早期辉煌的战绩、中后期“米兰三剑客”(古利特、范·巴斯滕、里杰卡尔德)横扫欧洲足坛，阿尔贝蒂尼、巴雷西、马尔蒂尼、科斯塔库塔、内斯塔、西多夫、卡卡、罗纳尔迪尼奥等群星闪耀，使得 AC 米兰在欧洲和全球都有极高的人气，球迷众多。美中不足的是，近十年 AC 米兰的战绩下滑严重，鲜有重要锦标折桂，俱乐部暂时进入调整阶段。如图 10-12、表 10-14 所示：

图 10-12　AC 米兰

表 10-14　AC 米兰俱乐部重要信息表

中文全称	AC 米兰足球俱乐部	球队绰号	红黑军团
外文全称	Associazione Calcio Milan		
所属地区	意大利米兰	所属联赛	意大利足球甲级联赛
成立时间	1899 年 12 月 16 日	主场球衣	红黑上衣、白色短裤、白色球袜
球队主场	圣西罗球场	容纳人数	82955
现任主帅	加图索	现任队长	罗马尼奥利
国内荣誉	意甲冠军 18 次、意乙冠军 2 次、意大利杯冠军 5 次、意大利超级杯冠军 7 次		
国际荣誉	欧冠冠军 7 次、欧洲优胜者杯冠军 2 次、欧洲超级杯冠军 5 次、世俱杯冠军 4 次		
知名主帅	马尔蒂尼、扎加蒂、萨基、卡佩罗、扎切罗尼、安切洛蒂、莱昂纳多、阿莱格里、西多夫、因扎吉、米哈伊洛维奇、布罗基、加图索		
知名球员	诺达尔、古利特、范·巴斯滕、里杰卡尔德、乔治·维阿、阿尔贝蒂尼、巴雷西、马尔蒂尼、博班、阿比亚蒂、迪达、卡福、科斯塔库塔、内斯塔、西多夫、鲁伊科斯塔、舍甫琴科、伊布拉西莫维奇、卡卡、罗纳尔迪尼奥		
官方网站	www. acmilan. com	队歌	《Milan，Milan》

资料来源：根据俱乐部官方公布信息整理。

(3)“蓝黑军团”国际米兰

国际米兰足球俱乐部（Football Club Internazionale Milano）简称国际米兰，绰号“蓝黑军团”。源自于 AC 米兰俱乐部前身（米兰板球和足球俱乐部）的部分球员 1908 年脱离出来成立的独立组织。国际米兰的“国际”意味着向全世界所有球员开放，以表达对原俱乐部中某些现象的不满和反抗。两家米兰俱乐部之间的“米兰德比”，不仅仅是意大利足球的狂欢，也是全球球迷的盛宴。双方在国内赛场上的争斗不分上下，各取得了 18 次意甲联赛冠军和 12 次重要杯赛冠军，也是意大利足球除尤文图斯外成绩最好的两家俱乐部。当前国际米兰俱乐部的苏宁中资背景也是关注点之一。如图 10-13、表 10-15 所示：

图 10-13　国际米兰

表 10-15 国际米兰俱乐部重要信息表

中文全称	国际米兰足球俱乐部	球队绰号	蓝黑军团
外文全称	Football Club Internazionale Milano		
所属地区	意大利米兰	所属联赛	意大利足球甲级联赛
成立时间	1908 年 3 月 9 日	主场球衣	蓝黑上衣、黑色短裤、黑色球袜
球队主场	梅阿查球场	容纳人数	80018
现任主帅	斯帕莱蒂	现任队长	伊卡尔迪
国内荣誉	意甲冠军 18 次、意大利杯冠军 7 次、意大利超级杯冠军 5 次		
国际荣誉	欧冠冠军 3 次、欧联冠军 3 次、世俱杯冠军 3 次		
知名主帅	赫雷拉、特拉帕托尼、比安奇、霍奇森、西蒙尼、里皮、库珀、扎切罗尼、曼奇尼、穆里尼奥、莱昂纳多、贝尼特斯、拉涅利、马扎里、德波尔		
知名球员	梅阿查、曾加、法切蒂、马佐拉、马特乌斯、布雷默、克林斯曼、罗纳尔多、托尔多、维埃里、阿德里亚诺、萨内蒂、塞萨尔、米利托、麦孔、埃托奥、斯内德、马特拉齐		
官方网站	www. inter. it	队歌	《pazza inter》

资料来源：根据俱乐部官方公布信息整理。

5. 法国足球甲级联赛

法国足球甲级联赛（Ligue 1）简称法甲，创立于 1932 年，现由 20 支球队组成，每个赛季结束后，积分榜前三位可参加欧洲冠军联赛，末三位则降入法国足球乙级联赛。法国人的性格和作风使得法甲足球竞赛并没有英超、西甲、德甲和意甲那么激烈和疯狂，造成了法甲历史没有一家超级强队的现象，仅有马赛俱乐部曾经获得过一次欧冠冠军。法甲联赛中，圣埃蒂安、马赛、南特、摩纳哥、巴黎圣日耳曼、里昂是相对较为成功的俱乐部。进入 21 世纪之后，里昂俱乐部（7 连冠）和巴黎圣日耳曼（6 次夺冠）成为新的霸主。

"法甲新贵"巴黎圣日耳曼：巴黎圣日耳曼足球俱乐部（Paris Saint-Germain Football Club）简称 PSG、巴黎或大巴黎。巴黎圣日耳曼俱乐部成立于 1970 年，是一家非常年轻的俱乐部，但它位于法国的首都巴黎，地理位置非常重要。2011

图 10-14 巴黎圣日耳曼

年，巴黎俱乐部被卡塔尔财团收购，从此实力和战绩都得到了飞速提升，拿下法甲 2012 至 2017 赛季中的 5 个冠军。现在巴黎俱乐部已经跃升为欧洲顶级俱乐部之列，成为名副其实的新贵俱乐部。如图 10-14、表 10-16 所示：

表 10-16　巴黎圣日耳曼俱乐部重要信息表

中文全称	巴黎圣日耳曼足球俱乐部	球队绰号	PSG、大巴黎
外文全称	Paris Saint-Germain Football Club		
所属地区	法国巴黎	所属联赛	法国足球甲级联赛
成立时间	1970 年 8 月 12 日	主场球衣	黑白上衣、白色短裤、白色球袜
球队主场	王子公园球场	容纳人数	48527
现任主帅	图赫尔	现任队长	蒂亚戈・席尔瓦
国内荣誉	法甲冠军 7 次、法国杯冠军 12 次、法国联赛杯冠军 8 次、法国超级杯冠军 8 次		
国际荣誉	欧洲优胜者杯冠军 1 次		
知名主帅	霍利尔、安切洛蒂、布兰科、埃梅里		
知名球员	乔治・维阿、罗纳尔迪尼奥、保莱塔、帕斯托雷、西索科、马图伊迪、莫塔、伊布拉西莫维奇、维拉蒂、拉维奇、蒂亚戈・席尔瓦、贝克汉姆、迪涅、马尔基尼奥斯、迪马利亚、内马尔、卡瓦尼、姆巴佩、布冯		
官方网站	www. psg. fr	队歌	《Allez Paris Saint-Germain》

资料来源：根据俱乐部官方公布信息整理。

6. 欧洲其他联赛

除却五大联赛中的豪门球队，欧洲人对足球的狂热还造就了一批小联赛的大俱乐部，其中不得不提到葡萄牙超级联赛的波尔图和荷兰足球甲级联赛的阿贾克斯。

(1)“巨龙”波尔图

波尔图足球俱乐部(Futebol Clube do Porto)简称波尔图，绰号“巨龙”，1893 年成立于葡萄牙北部城市波尔图。波尔图初期战绩并不突出，但后期强势崛起，成为欧洲足坛的一支劲旅。虽然并非出身于五大联赛，但波尔图也曾 2 次夺得欧冠冠军，尤其是 2003—2004 赛季在“魔力鸟”穆里尼奥的率领下，爆冷夺冠。如图 10-15、表 10-17 所示：

图 10-15　波尔图

表 10-17 波尔图俱乐部重要信息表

中文全称	波尔图足球俱乐部	球队绰号	巨龙
外文全称	Futebol Clube do Porto		
所属地区	葡萄牙波尔图	所属联赛	葡萄牙足球超级联赛
成立时间	1893 年 9 月 28 日	主场球衣	蓝白上衣、蓝色短裤、白色球袜
球队主场	巨龙球场	容纳人数	50948
现任主帅	康西卡奥	现任队长	埃雷拉
国内荣誉	葡超冠军 28 次、葡萄牙杯冠军 16 次、葡萄牙超级杯冠军 20 次		
国际荣誉	欧冠冠军 2 次、欧联冠军 2 次、欧洲超级杯冠军 1 次、世俱杯冠军 2 次		
知名主帅	博比・罗布森、奥利维拉、穆里尼奥、博阿斯		
知名球员	卡瓦略、保罗・费雷拉、德科、瓦伦特、科斯蒂尼亚、马尼切、法尔考、桑德罗、胡尔克、达尼洛、奥塔门迪、佩佩、卡西利亚斯、安德烈・席尔瓦、埃雷拉		
官方网站	www. fcporto. pt	队歌	《Campeao》

资料来源:根据俱乐部官方公布信息整理。

(2)"球星工厂"阿贾克斯

阿贾克斯足球俱乐部(Amsterdamsche Football Club Ajax)简称阿贾克斯,绰号"球星工厂"。1900 年成立于荷兰的阿姆斯特丹。阿贾克斯算得上全世界最成功的俱乐部之一,除了 33 次夺得荷甲联赛冠军、4 次夺得欧冠冠军外,还因为其青训系统培养出大量世界级球星,例如克鲁伊夫、范・巴斯滕、里杰卡尔德、博格坎普、伊布拉希莫维奇等,阿贾克斯也因此被誉为世界第一的球星加工厂。如图 10-16、表 10-18 所示:

图 10-16 阿贾克斯

表 10-18 阿贾克斯俱乐部重要信息表

中文全称	阿贾克斯足球俱乐部	球队绰号	球星工厂
外文全称	Amstertamsche Football Club Ajax		
所属地区	荷兰阿姆斯特丹	所属联赛	荷兰足球甲级联赛
成立时间	1900 年 3 月 18 日	主场球衣	红白上衣、白色短裤、白色球袜

续 表

现任主帅	埃里克·腾哈赫	现任队长	德里赫特
[illegible]	克鲁伊夫球场		
国内荣誉	荷甲冠军 33 次、荷兰杯冠军 18 次、荷兰超级杯冠军 8 次		
国际荣誉	欧冠冠军 4 次、欧联冠军 1 次、欧洲优胜者杯冠军 1 次、欧洲超级杯冠军 3 次、世俱杯冠军 2 次		
知名主帅	米歇尔斯、克鲁伊夫、范加尔、罗纳德·科曼、丹尼·布林德、范·巴斯滕		
知名球员	内斯肯斯、克鲁伊夫、范·巴斯滕、里杰卡尔德、奥维马斯、利特马宁、范德萨、范德梅德、弗兰克·德波尔、罗纳德·德波尔、博格坎普、维尔马伦、齐沃、戴维斯、西多夫、斯塔姆、范德法特、布林德、伊布拉希莫维奇、亨特拉尔、斯内德、海廷加		
官方网站	www. ajax. nl	队歌	《Ajax Clublied》

资料来源：根据俱乐部官方公布信息整理。

(二)其他大洲主要足球俱乐部

1. 巴西足球甲级联赛

巴西足球甲级联赛(Campeonato Brasileiro Série A)简称巴甲，1971 年由巴西足球协会组织为全国联赛，是巴西最高等级的职业足球联赛。足球王国巴西的联赛水平维持在了较高的水准上，目前巴甲因俱乐部战绩出色而在国际足联官方全球联赛排名位居世界第二大联赛。巴甲联赛中科林蒂安(7 次夺冠)、圣保罗(6 次夺冠)、帕尔梅拉斯(6 次夺冠)、弗拉门戈(5 次夺冠)、瓦斯科达伽马(4 次夺冠)是历史战绩较好的几家俱乐部。

2. 阿根廷足球甲级联赛

阿根廷足球甲级联赛(La Primera división del fútbol argentino)简称阿甲，成立于 1893 年，职业化联赛成立于 1931 年，是阿根廷最高等级的职业足球联赛。

阿甲联赛类似于西甲联赛，长期由河床(36 次夺冠)和博卡青年(33 次夺冠)两家俱乐部统治。在此之外，阿根廷竞技(17 次夺冠)和圣洛伦佐(15 次夺冠)等俱乐部间歇可以与两大巨头争夺联赛冠军。

3. 美国职业足球大联盟

美国职业足球大联盟(Major League Soccer)简称美职联或 MLS，筹建于 1993 年 12 月 17 日，1996 年举行首届赛事，是美国最高等级的职业足球联赛。虽然世界体育强国美国号称"足球荒漠"，但实际上由于其运动人口基数大，体育训练科学水平较高，美国的足球运动水平并不算太低。美国队历史上共参加了 10 次世界杯决赛圈的比赛，并在 1930 年首届世界杯上取得过季军的好成绩。

美职联现有 26 支俱乐部，还未出现具备长期统治力的豪门俱乐部。其中，最有豪门潜质的要数洛杉矶银河足球俱乐部。成立于 1995 年的洛杉矶银河共 5 次夺得美职联总冠军，拥有贝克汉姆、阿什利·科尔、罗比·基恩、杰拉德、多诺万等著名球星。

4. 日本职业足球联赛

日本职业足球联赛(Japan Professional Football League)简称 J 联赛，由日本足球协会和日本职业足球联盟于 1993 年组织举办，并于 1999 年起拆分为 J1 联赛和 J2 联赛。目前 J1 联赛有 18 家俱乐部。

J1 联赛中鹿岛鹿角足球俱乐部(8 次夺冠)是夺冠次数最多的俱乐部，并在 2018 年首次夺取亚冠冠军。而其他如横滨水手(3 次夺冠)、磐田喜悦(3 次夺冠)、广岛三箭(3 次夺冠)、东京绿茵(2 次夺冠)和大阪钢巴(2 次夺冠)成绩都并不太稳定。

5. 中国足球协会超级联赛

中国足球协会超级联赛(Chinese Football Association Super League)简称中超联赛，创立于 2004 年，前身为 1989 年成立的中国足球甲 A 联赛。中超联赛现有 16 家俱乐部参加。

中国最早的现代足球俱乐部，是创立于 1908 年的中国香港南华足球队，既是亚洲首支华人足球队，也是东亚最早的足球俱乐部。南华队历史上诞生过许多伟大的球员，例如"中国球王"李惠堂，正是出道于香港南华足球队。

中国大陆成立最早的职业俱乐部则是北京国安足球俱乐部，它成立于 1993 年 1 月 5 日，是中国足球甲级 A 组联赛和中国足球超级联赛的创始会员。

中国足球职业改革以来，历经甲 A 联赛、中超联赛，中国的职业足球俱乐部已经初步形成成熟的联赛管理体制、监管机制以及独立运营能力。虽然大部分职业俱乐部尚处于资金投入阶段,但仍有少数职业足球俱乐部能够实现盈利,其中就有广州恒大和上海上港两支冠军级俱乐部。

此外,山东鲁能、上海申花、河南建业等俱乐部也从中国足球职业化开始就长期坚持足球俱乐部建设,与广州恒大、上海上港、北京国安一同构成了中国足球俱乐部的主体构架。

6. 其他联赛

除上述俱乐部外,还有诸如土耳其足球超级联赛的加拉塔萨雷和费内巴切,俄罗斯足球超级联赛的莫斯科斯巴达和莫斯科中央陆军,墨西哥足球超级联赛的墨西哥美洲,比利时足球甲级联赛的安德莱赫特和标准列日,乌克兰足球超级联赛的基辅迪纳摩和顿涅茨克矿工,瑞士足球超级联赛的苏黎世草蜢和巴塞尔,奥地利足球超级联赛的萨尔茨堡红牛等著名足球俱乐部,感兴趣的读者可以通过查阅其官方网站等方式进一步加深了解。

纵观当前全球足球联赛及其主要俱乐部的发展现状,可以看到欧洲地区仍然是世界足球高水平联赛的主要阵地,以五大联赛为首的欧洲各国联赛及其俱乐部保持了高度发达的竞技状态和先进的商业运营模式。而南美地区的足球俱乐部在内部管理上没有欧洲俱乐部规范和健康,但仍然保持了较高的水准,并且源源不断地向世界范围输送大量优秀球员。在未来发展方面,最值得看好的则是北美和亚洲地区的俱乐部。美职联规模日益庞大,关注度持续升温;中超联赛如火如荼,国安、鲁能等老牌俱乐部稳定投入,恒大、上港近些年迅速崛起,都使世人对中国足球俱乐部的发展充满期待。

足球运动的热潮必然带来体育产业、足球产业相关研究的迫切需求,我国俱乐部的快速发展也离不开理论研究的指导与支持。这些研究一方面要符合事物发展的客观规律,另一方面又要大胆探索、寻求突破,这也是本研究的指导思想和研究方向。希望本书能对广大读者产生一定的启发作用,抛砖引玉,共寻发展。

(作者:陈　航,河北传媒学院;马佼佼,河北传媒学院)

参考文献

[1] 国家体育总局. 国内马拉松赛事开始迈入全面升级的时代[EB/OL]. (2018-09-12)[2019-07-10]. http://www. sport. gov. cn/n319/n4832/c874071/content. html.

[2] 刘积德,刘转青. 中国体育产业海外投资特点与面临的挑战[J]. 对外经贸实务,2017(6):77-80.

[3] 南岸区政府. 2018 重庆国际马拉松旅游市场盘点揽金 14.65 亿元[EB/OL]. (2018-04-13)[2019-07-10]. http://www. cq. gov. cn/publicinfo/web/views/Show! detail. action? sid=4312308.

[4] 杨懿,邵华冬,郑萌,等. 2017—2018 年体育媒体市场现状与趋势[J]. 新闻与写作,2018(6):35-40.

[5] 陈长魁. 体育媒体对体育发展的现实意义[J]. 青年记者,2018(11):54-55.

[6] 张婷. 体育营销的长线生意经[J]. 现代广告,2018(20).

[7] 虎嗅网. 苏宁再次出手上亿布局体育,懂球帝在帝国中扮演着怎样的角色?[EB/OL]. (2016-12-06)[2019-07-10]. http://www. sohu. com/a/120750789_115207.

[8] 企鹅智酷. 互联网+体育生态价值报告[EB/OL]. (2016-06-23)[2019-07-10]. http://www. sohu. com/a/85505927_263856.

[9] 阮伟,钟秉枢. 中国体育产业发展报告(2016—2017)[M]. 北京:社会科学文献出版社,2017.

[10] 江小娟,等. 体育产业的经济学分析[M]. 北京:中信出版集团股份有限公司,2018.

[11] SPORiT 思博锐体育. 深度解析|2018 中国体育产业投资数据[EB/OL]. (2018-09-05)[2019-07-10]. https://www.sohu.com/a/252009974_100226782.

[12] 周正卿. 关于《国家体育产业统计分类》的几点思考[J]. 运动,2016(7):1-2.

[13] 杨越. 我国体育产业现状与未来发展重点分析——基于三次全国经济普查的调查研究[J]. 体育科学,2015(11):24-29.

[14] 张特. 派队体育打造 S2B2C 商业模式,助力大众体育赛事腾飞[EB/OL]. (2018-04-23)[2019-07-10]. https://www.sohu.com/a/229182522_114577.

[15] 机会宝. 调研干货|莱茵体育聚焦"空间+内容"商业模式体育业务初具规模[EB/OL]. (2017-12-17)[2019-07-10]. https://www.toutiao.com/i6504052923859730958/.

[16] 刘志云. 足球与社会[M]. 武汉:武汉测绘科技大学出版社,1998.

[17] 迈克尔·帕金. 微观经济学[M]. 梁小民,译,北京:人民邮电出版社,2003.

[18] 钟天朗. 体育经济学概论[M]. 上海:复旦大学出版社,2004.

[19] 鲍明晓. 体育产业——新的经济增长点[M]. 北京:人民体育出版社,2000:50-65.

[20] 姜同仁,宋旭,刘玉. 欧美日体育产业发展方式的经验与启示[J]. 上海体育学院学报,2013(02):19-23.

[21] 刘杨. 中国足球产业化现状与存在的问题及其对策研究[J]. 体育时空,2016(17).

[22] 陈波,王刚,王鑫磊,等. 英国职业足球联赛运营模式研究与反思[J]. 吉林体育学院学报,2018(04).

[23] 张尧. 欧洲冠军联赛经营收益分配研究[J]. 体育文化刊,2016(3):130-135.

[24] 陈勇军. 欧洲足球冠军联赛研究[J]. 体育文化导刊,2014(4):99-102.

[25] 胡小善. 欧洲足球冠军联赛赛制研究[J]. 体育文化导刊,2011(1):74-76.

[26] 贾佩慧. 欧洲足球冠军联赛的商业管理研究[J]. 体育科学进展,2018.6(2):39-43.

[27] 向会英,谭小勇,姜熙. 反垄断法视野下职业体育电视转播权的营销[J]. 天津体育学院学报,2011,26(1):62-67.

[28] 大卫·戈德布拉特,约翰尼·阿克顿. 足球百科[M]. 刘晶捷,等,译. 北京:中国地图出版社,2016:158-173.

[29] FootballDatabase. World Football/Soccer Clubs Ranking [EB/OL]. (2019-01-20) [2019-07-10]. https://footballdatabase. com/ranking/world/1.

[30] Transfermarkt. 100 MOST VALUABLE TEAMS IN THE WORLD [EB/OL]. (2019-01-10) [2019-03-12]. https://www. transfermarkt. com/spieler-statistik/wertvollstemannschaften/marktwertetop.

[31] 冯逸明. 红魔曼联[M]. 北京:世界知识出版社,2013:66-73.

[32] 杰夫·安德森,斯蒂芬·多恩. 利物浦足球俱乐部官方传记[M]. 张玉强,译. 北京:新世界出版社,2016:256-289.

[33] 大卫·克莱顿. 曼城传奇:我们的时代已经到来[M]. 姚克伟,译. 北京:新世界出版社,2018:289-362.

[34] 路易斯·米格尔·佩雷拉. 皇马圣经[M]. 于泽华,译. 北京:新世界出版社,2016:291-319.

[35] 吉列姆·巴拉格. 巴塞罗那俱乐部官方传记[M]. 虎扑翻译团,译. 北京:金城出版社,2018:77-160.

[36] 冯逸明. 独步梦幻:巴塞罗那全景传记[M]. 增补典藏版. 北京:世界知识出版社,2017:74-137.

[37] 北京国安足球俱乐部. 北京国安足球俱乐部二十年光辉纪念[M]. 北京:北京出版社,2013:22-23.